新日本の遺跡 6

千葉県酒々井町

墨古沢遺跡

旧石器人の生活をかたる
環状集落跡

酒井弘志 著

同成社

墨古沢遺跡遠景（2013年撮影・上空南東から）

真上から見た墨古沢遺跡（2018年撮影・写真の上が北）
墨古沢遺跡の環状ブロック群は酒々井パーキングエリアの拡張工事にともなう発掘調査により発見された

# 旧石器時代のくらしを伝える環状ブロック群

真上から撮影した調査区（2015年度範囲確認調査・写真の上が西）

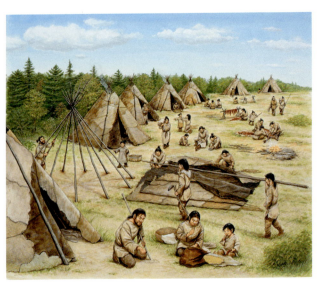

環状のキャンプに集う旧石器人（国立歴史民俗博物館常設展　先史・古代展示パネルより）
移動生活をしていた当時の人々は木の枝や草、動物の毛皮を用いた簡単なテントでくらしていた

上空東から撮影した調査区（2015年度範囲確認調査）

上空南から撮影した調査区（2016年度範囲確認調査・環状ブロック群範囲等を合成）
環状ブロック群は石器のカケラが集中して出土される「ブロック」が円形に並ぶ「環状のムラ」である

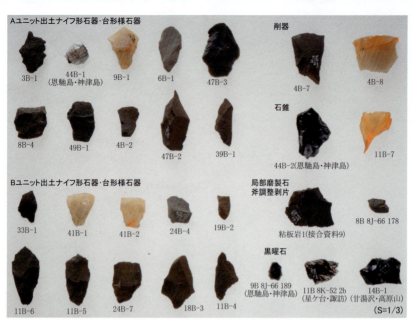

1999・2000年度酒々井パーキングエリア発掘調査　環状ブロック群出土主要石器

環状ブロック群出土主要接合資料（1999・2000年度酒々井パーキングエリア発掘調査）

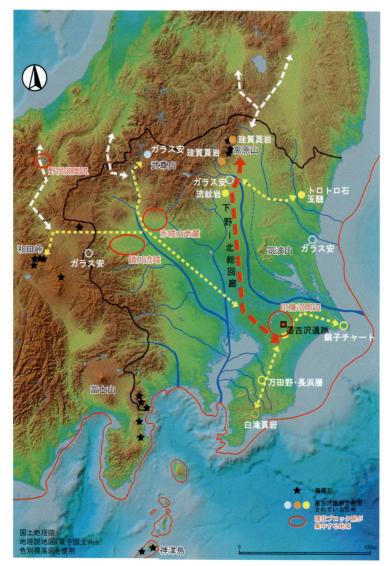

下野―北総回廊と石材原産地

狩猟生活を営む人々は石器の製作に必要な石材を求めて移動しており、この回廊を通れば平坦な台地を大きな川を渡らずに移動ができる

第7ブロック石器出土状況（1999・2000年度酒々井パーキングエリア発掘調査・南西から撮影）
この調査により約4千点の石器が出土し、環状ブロック群発見のキッカケとなった

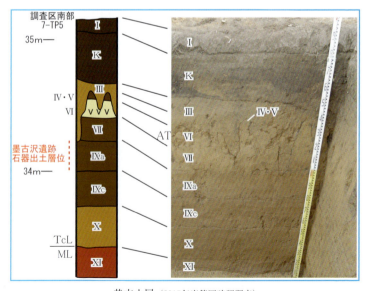

基本土層（2015年度範囲確認調査）

ローム層分析の結果、墨古沢遺跡の石器出土層は約3万4千年前のものと判明。この
時代は最終氷期にあたり、海水面は約80m低かった

発掘調査風景（2015年度範囲確認調）（右・下）
風の通らない深くせまいトレンチ内での掘削や石器検出はつらい作業だ。出土石器は記録した後に保護処置を施して原位置のまま保存する

## 国史跡指定に向けた調査

現地説明会（2015年度範囲確認調査）

# 遺跡ではめずらしい高速パーキングエリアと連携した整備

整備計画平面図

史跡の全体整備計画には酒々井パーキングエリアの利用者専用の駐車場や災害時緊急ゲートの設置が盛り込まれている

整備イメージ鳥瞰図

# は じ め に


　千葉県の北部に広がる北総台地の中央に位置する酒々井町は、印旛沼を背景として育まれた豊かな水と緑に恵まれた大地にある。また本書・墨古沢遺跡にも代表されるように、原始・古代より水路と陸路が交差し、人とモノが交流する場でもあり、豊かな「自然」、先人から受け継がれてきた「歴史」と「文化」が有機的につながる「人 自然 歴史 文化が調和した活力あふれるまち」である。

　その歴史遺産のひとつである墨古沢遺跡は、今から約3万4千年前の後期旧石器時代前半期にあたる、当時の人々の生活痕跡を示す複数の石器ブロックがドーナツ状に分布するいわゆる「環状ブロック群」（環状集落）が検出された遺跡である。環状ブロック群は日本旧石器文化の3大特徴の一つとされ、世界史的に見ても類例のない日本独特のものである。また下総台地を中心に多く分布し、千葉県を代表する旧石器時代の遺構ともいえる。その中でも墨古沢遺跡の環状ブロック群は南北70m×東西60mと日本最大級の規模を誇り、石器数も約1万点を超えると予想されるものである。さらにそのうち約6割強が現地保存されているという、環状ブロック群としては非常に稀有で貴重な遺跡として評価され、2019（令和元）年10月16日に国史跡に指定された。

　当初墨古沢遺跡の環状ブロック群について、国史跡指定に向けた範囲確認調査の話が始まったとき、「保存を前提とした旧石器時代の調査は不可能ではないか」という意見が大方であった。固いロー

ム層の中で石器を検出しながら、かつ動かさず、深いうえに効果的なトレンチ配置をもって、石器群の広がりを把握するのはとても難しいであろうとのことであった。それを補助金事業として進めようとしていたわけであるから、なおさらその方法、工程、体制、分析法、効果などについて説明が必要となり、当時の思い出としては重い資料を持って奔走していた記憶が強い。

　しかし本書を読んでいただければお判りいただけるように、墨古沢遺跡の持つポテンシャルも大なるところであったが、その難しい遺跡について、関係者全員が一丸となってさまざまな苦難に立ち向かい、さまざまなアイデアで乗り越え、その甲斐あって国史跡指定という栄誉を勝ち取ることができた。当初の目的である、遺跡の保存を考えながら、効果的に調査を進めて規模・範囲・遺存度を判明させるという発掘調査で試みた取り組みばかりではなく、石材の産地分析や年代測定、古環境、古地形などの自然科学分析にも問題意識をもってアイデアを凝らし、それによりこれまでにない新しい知見を織り込んで、墨古沢遺跡の付加価値を高めることもできた。まさしく不可能を可能にした挑戦の連続の結果ということができる。

　酒々井町ではこの史跡を後世に確実に保存して引き継ぐため、史跡の価値の明確化、適切な保存と整備、周辺諸施設との連携を含めた活用、交流人口の増加へと進めていきたいと考え、町の重要施策として位置づけて保存整備事業を進めている。そして本書の第6章でも記したように、史跡指定後において整備事業を実現すべく各種計画書の策定を行う上においても、苦難の連続であったことはいうまでもなく、保存整備事業の続くこれから先もまだまだ難題と挑戦が続いていくものと考えている。これから先、整備事業にて変わり

ゆく墨古沢遺跡の姿を見ていただきながら、本書でふれた挑戦・苦労がどの部分に表現され、そして本書では触れられないこれから先の挑戦についてさえも想像して楽しんでいただければと思う。

　本書を手に取っていただいた読者諸氏においては、「旧石器時代はわかりづらい」「とっつきにくい」という印象を持っている方が多いと思われる。その一般的に認知されているとはいいがたい旧石器時代について、少しでも興味を持っていただき、整備された現地を訪れ、本遺跡を通して関心を持ってもらう。環状ブロック群という円形に住居が建ち並ぶ集落景観は、一般の人々がひと目でその性格を、当時の生活を想像できる数少ない旧石器時代の遺跡といえる。そういう整備が実現できる所にこそ、墨古沢遺跡の本当の意義があると考える。

# も　く　じ

はじめに　i

## 第Ⅰ部　遺跡の概要—墨古沢遺跡とは—

第1章　国史跡への挑戦 ………………………………………… 2

　⑴ 全国初の国史跡誕生　2

　⑵ 旧石器時代遺跡の指定の難しさ　3

　　コラム1　前期旧石器ねつ造事件　5

　⑶ 国史跡への10の要素　6

第2章　環状ブロック群とは ………………………………… 11

　⑴ ホモ・サピエンスの日本到来　11

　⑵ 後期旧石器時代とは　14

　　コラム2　日本列島に前期・中期旧石器時代人はいなかった？　16

　　コラム3　石なし県・千葉　18

　⑶ 環状ブロック群とは　27

　　コラム4　石器の接合　33

第3章　墨古沢遺跡の環状ブロック群の発見 ……………… 40

　⑴ 遺跡の立地　40

　⑵ 複合遺跡・墨古沢遺跡　42

　⑶ 周辺の後期旧石器時代関連遺跡　45

（4）環状ブロック群の発見　47

（5）保存への流れ　54

　　コラム5　旧石器時代遺跡の発掘調査　55


# 第Ⅱ部　遺跡のあゆみ—発掘調査の成果と遺跡の未来—

第4章　範囲確認調査と自然科学分析の成果 ……………………… 60

（1）範囲確認調査の開始　60

（2）科学の目で調べる　64

　　コラム6　考古学を助ける自然科学分析　68

　　コラム7　下総台地の地形のなりたち　75

（3）石器群の全体像を推定　85

第5章　なぜ環状ブロック群はつくられたか ……………………… 87

（1）なぜ環状のムラを？　87

（2）墨古沢遺跡から考える　89

第6章　整備・活用に向けた挑戦 ……………………………………… 93

（1）さまざまな問題点　93

（2）見えないものをどのように見せるか　96

（3）整備計画にむけて　106

（4）普及・啓発事業　112

（5）おわりに　114


環状ブロック群集成表／分布図　119

引用・参考文献　143

あとがき　149

# 第Ⅰ部

## 遺跡の概要

―墨古沢遺跡とは―

# 第1章 │ 国史跡への挑戦

### ⑴ 全国初の国史跡誕生

　2019（令和元）年10月16日、今から約3万4千年前にさかのぼる後期旧石器時代の日本最大級の「環状ブロック群（環状集落）」を有する遺跡、「墨古沢遺跡」が国史跡に指定された（指定面積＝3,988.47m²）。日本列島の後期旧石器時代を代表する環状ブロック群であり、日本の後期旧石器時代を考える上で貴重な遺跡として評価されたものである。

　環状ブロック群の国史跡としては全国初であり、関東の後期旧石器時代国史跡としては、岩宿遺跡（群馬県みどり市、日本の旧石器時代遺跡の発見の決起となった学史に残る遺跡）、田名向原遺跡（神奈川県相模原市、後期旧石器時代の住居状遺構が発見された遺跡）に次ぐ3例目となった。

　しかも指定当初は、日本で一番古い国史跡として銘を打たせてもらっていたが、しかしそれはつかの間、2021（令和3）年に立川ロームX層段階の石器群（墨古沢遺跡はIX層上部段階）を有する鈴木遺跡（東京都小平市、12文化層を有する武蔵野台地の大規模遺跡）が関東4例目の後期旧石器時代の国史跡に指定され、続いて2022（令和4）年には立切遺跡・横峯遺跡（鹿児島県中種子町・南種子町、3万6千年前の後期旧石器時代の陥し穴が検出された遺跡）が指定されている。わずか1年半での陥落である。

2 ───────────────────────── 第I部　遺跡の概要

## ⑵ 旧石器時代遺跡の指定の難しさ

2025（令和7）年1月現在、全国の国史跡（特別史跡を含む）の数は1,911件である。そのうち旧石器時代・縄文時代草創期の国史跡の数はわずか29件、全体の1.52％である（表1）。

**表1　旧石器時代から縄文時代草創期の史跡一覧**

| | 史跡名称 | 指定日 | 所在地 | 時期 | 種類 |
|---|---|---|---|---|---|
| 1 | 嵩山蛇穴 | 昭和32年7月1日 | 愛知県豊橋市 | 縄文 | 洞穴 |
| 2 | 上黒岩岩陰遺跡 | 昭和46年5月27日 | 愛媛県久万高原町 | 草創期 | 岩陰 |
| 3 | 国府遺跡 | 昭和49年6月25日 | 大阪府藤井寺市 | 旧石器から平安 | 開地 |
| 4 | 日向洞窟 | 昭和52年2月17日 | 山形県高畠町 | 縄文 | 洞穴 |
| 5 | 福井洞窟 | 昭和53年8月2日<br>平成22年2月22日 | 長崎県佐世保市 | 旧石器から縄文 | 洞穴 |
| 6 | 不動ガ岩屋洞窟 | 昭和53年12月19日 | 高知県佐川町 | 草創期 | 洞穴 |
| 7 | 休場遺跡 | 昭和54年1月24日 | 静岡県沼津市 | 旧石器 | 開地 |
| 8 | 岩宿遺跡 | 昭和54年8月17日 | 群馬県みどり市 | 旧石器 | 開地 |
| 9 | 室谷洞窟 | 昭和55年2月4日 | 新潟県阿賀町 | 草創期 | 洞穴 |
| 10 | 大立洞窟 | 昭和55年6月3日 | 山形県高畠町 | 草創期 | 洞穴 |
| 11 | 一の沢洞窟 | 昭和55年9月11日 | 山形県高畠町 | 草創期 | 洞穴 |
| 12 | 岩戸遺跡 | 昭和56年3月31日 | 大分県豊後大野市 | 旧石器 | 開地 |
| 13 | 直坂遺跡 | 昭和56年4月11日 | 富山県富山市 | 旧石器から縄文 | 開地 |
| 14 | 小瀬ヶ沢洞窟 | 昭和57年12月3日 | 新潟県阿賀町 | 旧石器から縄文 | 洞穴 |
| 15 | 火箱岩洞窟 | 昭和58年4月26日 | 山形県高畠町 | 草創期 | 洞穴 |
| 16 | 泉福寺洞窟 | 昭和61年3月7日 | 長崎県佐世保市 | 旧石器から縄文 | 洞穴 |
| 17 | 白滝遺跡群 | 平成元年1月9日<br>平成9年9月2日 | 北海道遠軽町 | 旧石器 | 開地 |
| 18 | ピリカ遺跡 | 平成6年4月26日 | 北海道今金町 | 旧石器から縄文 | 開地 |
| 19 | 矢出川遺跡 | 平成7年2月13日 | 長野県南牧村 | 旧石器 | 開地 |
| 20 | 田名向原遺跡 | 平成11年1月28日 | 神奈川県相模原市 | 旧石器 | 開地 |
| 21 | 荒屋遺跡 | 平成16年2月27日 | 新潟県長岡市 | 旧石器 | 開地 |
| 22 | 西鹿田中島遺跡 | 平成16年9月30日 | 群馬県みどり市 | 草創期 | 開地 |
| 23 | 大鹿窪遺跡 | 平成20年3月28日 | 静岡県富士宮市 | 草創期 | 開地 |
| 24 | 大平山元遺跡 | 平成25年3月27日<br>平成27年10月3日 | 青森県外ヶ浜町 | 旧石器から縄文 | 開地 |
| 25 | 本ノ木・田沢遺跡群 | 令和元年10月16日 | 新潟県津南町 | 草創期 | 開地 |
| 26 | 墨古沢遺跡 | 令和元年10月16日 | 千葉県酒々井町 | 旧石器 | 開地 |
| 27 | 白保竿根田原洞穴遺跡 | 令和2年3月10日 | 沖縄県石垣市 | 旧石器〜16C | 洞穴 |
| 28 | 鈴木遺跡 | 令和3年3月26日 | 東京都小平市 | 旧石器 | 開地 |
| 29 | 横峯・立切遺跡 | 令和4年11月10日 | 鹿児島県中種子町<br>鹿児島県南種子町 | 旧石器 | 開地 |

第1章　国史跡への挑戦

なぜこのように少ないのかというと、そこには旧石器時代遺跡の保存の難しさが関係している。

　一つ目は、後期旧石器時代の遺跡は地中深くに存在しているため、事前の発見が難しく、特に開発にともなう緊急発掘調査では旧石器時代の遺物が発見されるのは調査の終盤になってからであり、時すでに遅く、その段階で保存に向けて話を進めていくことが非常に困難である点。

　二つ目は、日本では後期旧石器時代の遺物が包含されている土壌のほとんどが酸性であるため、当時使用されていたであろう木や動物の角・骨などの有機遺物は溶けて残らず、そのため遺構は当時の生活痕跡である石器ブロックや調理の痕跡と考えられる礫群が中心であり、また当時は軽易なテントでの移動生活を行っていたため、明確な住居跡、炉跡（焼土跡）、土坑、落とし穴などの痕跡もほとんど見られず、石器を取り上げてしまうと遺跡自体が消滅してしまう点である。しかし石器を取り上げて調べないと、発見された石器群の内容把握が十分に行えず、さまざまな詳細研究が進まないという弊害が生じてしまう。

　三つ目は、物理的な原因ではないが、2000（平成12）年11月に起きた「前期旧石器ねつ造事件」（コラム１）の影響である。これにより前期旧石器時代の国史跡であり、ねつ造であることが発覚した宮城県・座散乱木遺跡の指定が取り消された。事件以後、旧石器時代研究への（考古学や発掘調査へも）風当たりが強くなり、研究法や体制の見直しが迫られる厳しい事態に陥った。この事件以降から検討が始まった旧石器時代遺跡の国史跡指定は、2013（平成25）年の縄文時代草創期の青森県・大平山元遺跡を除き、2019（令和元）

年の墨古沢遺跡の指定まで約19年待つことになる。

　しかしこの間、その反省点を踏まえて多くの気鋭の研究者により進められてきた現在の旧石器時代研究レベルの向上、自然科学分析をはじめとする研究方法の進展は目覚ましく、保護・活用に向けた発掘調査や再評価、整備事例も増えてきている。これらを基礎に遺跡の評価と保護が旧石器時代遺跡についても推進され、その先駆けとなり、一つの例証となりえたのが墨古沢遺跡といえる。

### コラム1：前期旧石器ねつ造事件

　2000（平成12）年11月5日の「毎日新聞」のスクープにより、これまでアジア最古の70万年前までさかのぼっていた日本の旧石器時代の始まりを示す前期・中期旧石器資料が、すべて一人のアマチュア考古学者の手によるねつ造であることが発覚した。その中には原人たちの豊かな精神性を表すとマスコミをにぎわした「石器埋納遺構」も含まれていた。旧石器時代関係者・考古学関係者だけでなく、一般の考古学愛好者一同にまで衝撃が走った瞬間である。

　発覚までの約25年間、彼は東北地方を中心に、北海道、埼玉県、東京都などにおいて、別の遺跡の表面採取で集めた縄文時代等の石器をあらかじめ発掘現場に仕込んでおき、自ら掘り出していた。日本における前期・中期旧石器の遺跡数・分布の拡大や最古の記録を塗り替え続け、その業績は教科書にも掲載された。彼の発見まで日本には後期旧石器時代より古い石器は認められていなかったので、彼の功績は研究者のみならず、マスコミにも華やかに取り上げられ「神の手」と称えられた。

　事件以後、日本考古学協会の検証作業等により彼の係わった162の前期・中期旧石器遺跡がねつ造であることが確定され、2002（平成14）年には宮城県座散乱木遺跡の国史跡指定が解除された。これまでの前期・

第1章　国史跡への挑戦

中期旧石器時代の成果は教科書から削除、また博物館においても展示の撤去・交換を余儀なくされ、旧石器時代研究のみならず開発にともなう発掘調査や考古学全般に対する世間の風当たりも強くなるなど、またさらなる成果への期待をこめて加熱したマスコミ報道に対する批判も含め、社会的な影響も大きかった。


## (3) 国史跡への10の要素

このような状況の中、墨古沢遺跡は緊急調査により一部発掘が行われたことで、内容の詳細がわかりながらも、残りの部分が良好に保存されている非常に"まれ"な例として、国史跡の栄誉をいただくことができた。そして、その特徴は以下に示す10の要素にまとめられる。

① 日本旧石器時代の三大特徴のひとつとしての環状ブロック群。

環状ブロック群は局部磨製石斧・陥し穴に並ぶ日本旧石器時代の三大特徴（図20、26、27）の一つとして、世界史的に見ても日本にしか見られない独特の遺構。日本に人類が渡り住み始めた頃の生活様態を考える上で重要であり、日本の旧石器時代を考える上で欠かすことのできない遺跡である。

② 発見例の多さから下総台地を代表する旧石器時代の遺構。

環状ブロック群は全国で142遺跡172基が発見されているが、その中でも約半数の58遺跡76基（約44％）が下総台地に見られ、また特に墨古沢遺跡の所在する印旛沼周辺は全国的に見ても環状ブロック群が集中する地域であり、当時の日本の中心であったといっても過言ではない（巻末集成表参照）。

③ 調査の結果、6割強が良好な状態で遺存し、その規模は南北70ｍ×東西60ｍの日本最大級。

2015（平成27）年度〜2017（平成29）年度の3カ年、環状ブロック群のうち東側の残存部分の範囲確認調査を、円形（環状）をとらえることを意識して環状ブロック群の中心から放射状にトレンチを入れて実施し、規模・範囲・形態・遺存状態等を確定する。その結果、環状部ブロックの6割強が遺存していることが判明。その規模も南北70ｍ×東西60ｍであること、石器数も1万点を超えると予想される日本最大級の全国でも発見例の少ない大規模環状ブロック群であることが判明した（図41）。そこには約30世帯、120人〜150人が生活していたと推測される。

しかも全国で発見された環状ブロック群はそのほとんどが記録保存され、そのほとんどが失われ現存していない。墨古沢遺跡は一部の現存が確認されている環状ブロック群の中では突出する最大規模を有する遺跡である。

④ 旧石器時代の調査では難しいとされた遺構（石器ブロック）の保存を前提とした範囲確認調査の実践。

保存目的のため出土した石器は原位置からの移動は行わず（取り上げず）、出土した位置・標高・層位及び器種・石材等を記録して埋戻し、現状保存を第一に考えた調査を行っ

図1　範囲確認調査石器出土状況（2017年度第1トレンチNo.12）

た（図1）。また上層遺構については避けて下層の調査を行う。

⑤ 出土炭化材の年代測定（AMS）により、おおよそ3万4千年前であることが判明。

環状ブロック群内及び周辺より検出された炭化材31点（図2）の分析により、環状ブロック群が約3万4千年前に営まれていた集落であることが判明。千葉県内のみならず全国でも初めて環状ブロック群の明確な年代が得られる例となった。

⑥ 花粉分析・出土炭化材の樹種同定、ローム層のプラント・オパールにより当時の古環境が判明。

ローム層中のプラント・オパール分析や出土炭化材樹種同定76点の実施、また周辺当該期の花粉分析事例の検討から当時の古環境を推定。その結果、環状ブロック群形成期の遺跡周辺には針広混交林が広がっていたものと考えられ（口絵2頁下）、最終氷期後半の最寒冷期に向かって、小刻みな変動を繰り返しながら寒冷化していく環境過程の中で残されたものと推察される。

⑦ ローム層のテフラ・鉱物分析により、県内他遺跡、他台地との層位の整合性を確認。

環状ブロック群出土層位（Ⅸ層）を中心とした立川ローム層のテフラ・鉱物分析結果の比較から（口絵6頁下、図55）、本遺跡調査時の層序区分の整合性が確認され、Ⅸ層中

図2　範囲確認調査炭化材出土状況（2017年度9-2トレンチNo.89）

部〜上部段階の環状ブロック群であることが確定し、県内および関東地方他台地の石器群との層位的出土例による比較検討が行える確証を得ることができた。また年代測定（AMS）結果と合わせ、層位と年代値のひとつの例証を提示することができた。

⑧　石材の分析により原産地を推定。またこの結果による人の移動（行動）範囲を推定。

　自然科学分析により黒曜石は神津島産、高原山産、信州産のものが認められ、出土石材の約7割を占めるガラス質黒色安山岩は群馬県武尊山産である可能性が強まった。またその他の石材においても栃木・茨城県産の北関東の石材も認められ、これにより墨古沢遺跡を中心とする当時の人々の行動範囲や移動ルートが推定することができた（口絵5頁）。

⑨　微地形調査の結果、環状ブロック群の中央部が凹んでいる様相が見られ、環状ブロック群形成にあたり凹地を選地していた可能性があることが判明。

　ハンドオーガーボーリングによる遺跡の立地する台地の基盤土層調査、調査時の土層レベリングによるⅨ層上面埋没等高線の作成により環状ブロック群中央が凹んでいることを確認（図46、47）。凹地形成の要因については、台地形成時からの由来である可能性が指摘され（図48）、これによりこのような凹地を選地して環状ブロック群が形成された可能性が高まった。

⑩　発掘調査ならびに⑤〜⑨の分析を総合することにより、保存を前提とした部分的な旧石器時代遺跡の調査でありながらも、石器群の全体像を推定。

　本遺跡は1999・2000（平成11・12）年度緊急発掘調査により環状

ブロック群の約4割の調査が行われ、その整理作業を通して報告書内で詳細な内容分析が行われている。2015（平成27）年度から始まる範囲確認調査では部分的な調査ではありながら、その内容を再確認・補強し、自然科学分析等を加えた新しい事実も含めて石器群の全体像に迫る詳細な成果が得られ、それは千葉県内のみならず全国的に見た旧石器時代史、環状ブロック群研究史において重要な位置づけがなされたというべきであろう。

\*　　\*　　\*

　これらは遺跡の持つポテンシャルの高さや奇跡的な遺存状況の良さによるところも大であるが、環状ブロック群初の国史跡指定に向けて関係者諸氏が一丸となって取り組み、乗り越えてきた結果得ることができたものであると考えたい。

　本書では、後期旧石器時代の貴重な国史跡・墨古沢遺跡の学術的・本質的価値を高めるため、そして今後進めていく保存・活用のためのさまざまな挑戦の軌跡を紹介していきたい。

# 第2章 環状ブロック群とは

## ⑴ ホモ・サピエンスの日本到来

**人類の進化**　みなさんは「進化カレンダー」あるいは「地球カレンダー」というものをご存知だろうか。これは46億年前に地球が誕生した時から現在までを1年365日のカレンダーに置き換えたものである（図3）。年代幅は大きく異なるが、似たものとして1980年

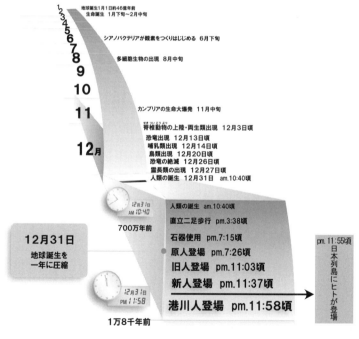

図3　進化カレンダー

代にアメリカの天文学者カール・セーガン博士による人気テレビ番組『COSMOS（コスモス）』の中で紹介されている「コスミックカレンダー」がある（コスミックカレンダーでは約150億年前の宇宙の誕生から始まっている）。

この進化カレンダーの中では、われわれがはるか昔と感じる恐竜出現でさえも年末の12月13日頃、恐竜絶滅は12月26日頃とすでにクリスマスが過ぎている。700万年前の人類誕生にいたっては大晦日12月31日のAM 10：40頃、われわれと同じ新人（ホモ・サピエンス）がアフリカに誕生する約30万〜20万年前がPM 11：37頃、アフリカを出たホモ・サピエンスが日本に到来し、痕跡（遺跡）を残し始める約38,000年前の後期旧石器時代の始まりは、PM 11：55頃とすでに除夜の鐘が鳴り始めている。

この短期間のうちに人類は急速な進化を遂げ、現在の多様で複雑な文明を築くにいたるが、これには次の二つの大きな要素の獲得が関係すると思われる。一つは二足歩行。両手でより多くの荷物（食料）を持って運ぶことができ、長距離移動が可能になったこともさることながら、これによりヒトは自由になった手を使うことによりさまざまな道具を扱い、作るようになり、さらに脳を発達させた。もう一つは火の使用。夜は明かりや肉食獣から身を守るだけでなく、暖をとり、加熱調理により可食範囲が広がって、より多くの栄養素を得ることもできた。生食による死亡のリスクも減少したといえるのだろうか。

これらによって人類は他の動物では成し遂げなかった独自の道をたどることにより、枝分かれしながらも生き残り続け、そして現在のホモ・サピエンスにまで進化する。「進化カレンダー」は地球の

歴史を物差しにして、いかに人類の歴史が急激かつ爆発的に進化したかをひと目で理解できる指標として、よく講座等の導入で聞き手の興味付けを図るために紹介している。しかしその人類が、いまや環境破壊等で自分たちよりもはるかに長い歴史を持つ地球を危険にさらしているということも考えさせられる。

**日本人の誕生**　約30～20万年前にアフリカに誕生した現生人類（ホモ・サピエンス）は、約8万～5万年前にアフリカから世界中に拡散していく（出アフリカ）。約6万5千年前にオーストラリアへ、約4万5千年前にはヨーロッパに、そして日本列島には約3万8千年前に到来したと考えられている（図4）。当時は氷河の影響により海面が低下して今よりも陸地が広がっていたが、それでも海を越えないとたどり着けない地にも拡散が見られることから、人々は舟を使った渡海術（現代人的行動の一つとされる）も駆使して各地に広がっていったと考えられている。

日本列島への到来には3つのルートが考えられているが、後期旧

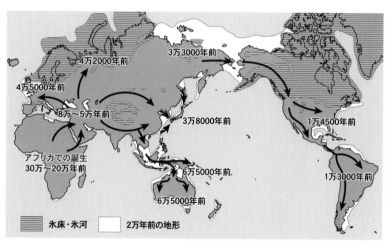

**図4**　ホモ・サピエンスの誕生と拡散

石器時代初期の遺跡の分布を考えると、日本列島最初のホモ・サピエンスの到来は対馬ルートがもっとも有力と考えられている（図5）。しかし3万8千年前当時も対馬海峡は陸化することはなく、やはり朝鮮半島から舟に乗って海を越えてやってきたと考えられている。そして初の"日本人"が誕生したわけである。

(2) **後期旧石器時代とは3万8千年前から始まる日本の歴史** 後期旧石器時代とは今から約3万8千年前から1万6千年前の約2万2千年間をいう（図6）。先に見たようにアフリカで誕生した私た

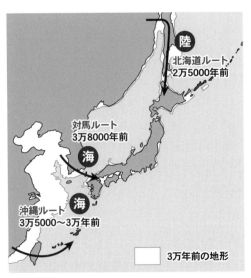

図5　日本列島への到来ルート

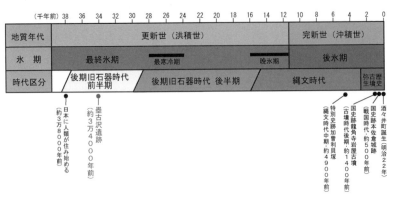

図6　略年表

14 ─────────────────────────── 第Ⅰ部　遺跡の概要

ちと同じホモ・サピエンスが長い年月をかけて拡散・到来して日本に定着した時代である。日本ではこれより古い人類活動の痕跡（世界史的にみられる前期旧石器時代あるいは中期旧石器時代）は第1章で見た「前期旧石器ねつ造事件」（第1章コラム1）により振り出しに戻ってしまい、今もなおその確実な資料は断片的であり、諸説あって明確にはなっておらず（コラム2）、現在のところ日本の歴史の1ページが確実に始まるのは、後期旧石器時代からとなる。

人々がまだ土器を持たず、主に打ち欠きによって作られた石器（打製石器・図7）や動物の骨・角を用いて作られた骨角器を使い、狩猟や木の実等の採集活動を行っていた。定住はせずに、テントのような軽易な住居によって糧となる獲物や石器の材料（コラム3）となる良質の石材を求めてたえず移動を行いながら生活をしていた時代である。

日本旧石器学会での集計によると、日本国内では10,150カ所の後期旧石器時代の遺跡が確認されている。そのうち千葉県内の遺跡は

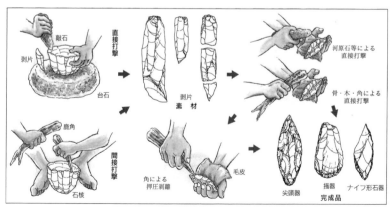

図7　打製石器の作り方

10％弱の988カ所を数えており、日本で一番分布の多い県となっている。その中でも特に北部の下総台地に集中している傾向が見られ、当該地域が当時の人々にとって"住み良い土地柄"であったことがうかがえる。

> **コラム２：日本列島に前期・中期旧石器時代人はいなかった？**
>
> 「前期旧石器ねつ造事件」により（第１章コラム１参照）、日本列島の前期・中期旧石器時代資料・研究は振り出しに戻ってしまったことは先にも触れたが、果たして本当に日本列島には後期旧石器時代より前（約

**図8** 長野県竹佐中原遺跡 A 地点の石器群

3万8千年より前)に人々はいなかったのであろうか。

まだ確実とはいえないが、長野県竹佐中原遺跡(約3〜5万年前、図8)、岩手県金取遺跡(約6万年前、図9)、島根県砂原遺跡(約12万年前、図10)など、ごくわずかではあるが、ねつ造事件とはかかわっていない遺跡やその後の精緻な発掘調査や分析によって候補遺跡は見つかりつつある。また周辺大陸の石器群の状況や後続する後期旧石器時代とのつながりを考え合わせると説明がうまくできず、後期旧石器時代より前にも日本列島に人は住んでいたと主張する研究者も少なからず存在している。

図9　岩手県金取遺跡出土石器

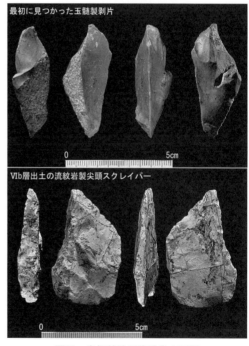

図10　島根県砂原遺跡出土石器

まだ時間はかかるかもしれないが、今後の発掘調査による類例の増加
が待たれるところである。


### コラム3：石なし県・千葉

　石器に使用する石材は、石なら何でもよいというわけではなく、黒曜
石・珪質頁岩・チャートなど加工しやすく、また割れ口が鋭くなるガラ
ス質状の石材が選ばれる。しかし、良質な石材の原産地・採取可能地
（河原の転石など）は限られているため、交易かまたは遠方まで直接取
りに行くかして石材を入手していたと考えられる。

　千葉県はかつて「石なし県」と呼ばれたほど、石器の材料に適した石
材産地が知られていないところで、これらのほとんどは外部からの搬入
に頼っていたものと考えられていた。下総台地だけを見ても遠方かつ多
方面から石材の搬入が見られ（図11）、時期によって使用させる石材の
種類や量に違いが見られている。

　しかしこれまでの石材産地調査や遺跡における検出例の増加により、
その状況は変わりつつある。

　銚子のチャート・古銅輝石安山岩、房総丘陵の万田野・長浜層などの
礫層に見られるガラス質黒色安山岩・チャート・玉髄・黒色頁岩、鴨
川・嶺岡山地周辺の白滝層に見られる珪質頁岩（白滝頁岩）などである。
特に万田野・長浜層の礫層の石材種は北関東の石材種傾向に似ていた
り、白滝頁岩は下総台地でかなり多用されていたりと注目されている。

　下総台地の人々は、良質の石材が常に入手可能な状態であった状態で
はなく、在地のわずかな石材を使用したり、節約型（エコタイプ）の独
特の石器製作技術（下総型石刃再生技法・遠山技法など）を編み出しな
がら、工夫を凝らして石器づくりを行っていたと考えられる。

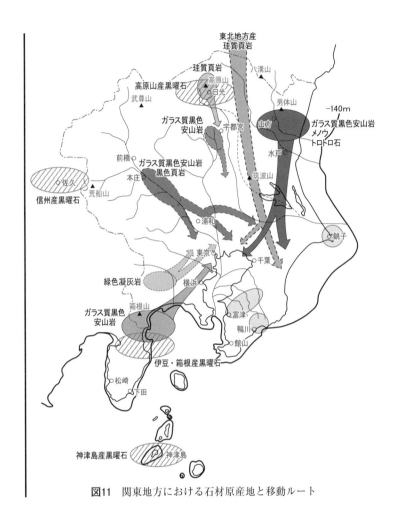

**図11** 関東地方における石材原産地と移動ルート

**古環境** 当時は氷期と呼ばれる気候で、寒冷かつ乾燥を基調としながらも、短期間にはげしく寒暖を繰り返し、数十年で年平均気温が10度前後変動することもあった不安定な気候でもあった(ダンス

ガード-オシュガー・サイクル、図12)。約2万8千年前から2万4千年前に訪れる最終氷期最寒冷期（LGM＝Last Glacial Maximum）には、年間の平均気温も現在より7〜8度低く、氷河の影響により海面も約120m低下していたと考えられており、本州・四

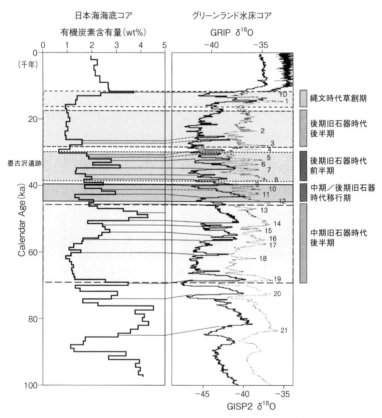

※日本海とグリーンランドのコアにより過去10万年間の気候変動を調べたところ、両者はよく似ており、この気候変動は地球規模で起こっていたことがわかった。
※GRIP・GISP2はグリーンランド氷床中央部の2ヵ所のボーリング地点を指し、それぞれ実線と点線で変動曲線が描かれる。点線横の数字は温暖イベントを示す。
※グラフの右にいくほど温暖、左にいくほど寒冷なことを示す。

図12　氷期の気候変動図

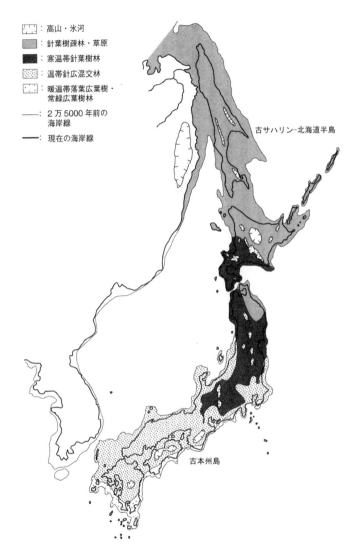

**図13** 旧石器時代（2万5千年前）の古地理と基本植生

第2章 環状ブロック群とは ― 21

国・九州は陸続きとなって一つの島・古本州島を形成していた（図13）。

台地上には針葉樹を中心とした森林帯が広がり、現在でいえば標高1,500mの風景が見られていたと考えられている（図14）。動物相も現在とは異なっており、陸続きとなった時代に大陸から渡ってきた、現在では絶滅して見られないマンモス・ナウマンゾウ・ヤベオオツノジカなどの大型獣が生息していた（図15）。これらは重要な食料源であったばかりではなく骨や角は加工して道具として、獣皮は住居の覆い材や衣類として使用していた。

**頻繁な火山活動** またこの時代は、古富士山や箱根の火山活動も活発で頻繁に火山灰が降り注ぐ、非常に厳しい環境下での暮らしでもあった。この堆積した火山灰が土壌化した

**図14** 岐阜県西穂高山頂付近（標高2,156m）の風景

**図15** 絶滅した大型哺乳類

ものが、今日われわれが「赤土」と呼ぶ関東ローム層である。後期旧石器時代の石器は関東ローム層（赤土）の中でも最も上位の「立川ローム層」からのみ出土する。下総台地ではこの立川ローム層は、厚さ1.5m〜2mである。立川ローム層は給源である富士山に近いほど厚く堆積しており、相模野台地で8〜9m、武蔵野台地で4〜5mを計り、下総台地の場合、両台地に比べ堆積が薄いのが特徴としてあげられる。下総台地の立川ローム層は色調や含有物、硬化度など、武蔵野台地との比較を行いながら6〜7枚の層に

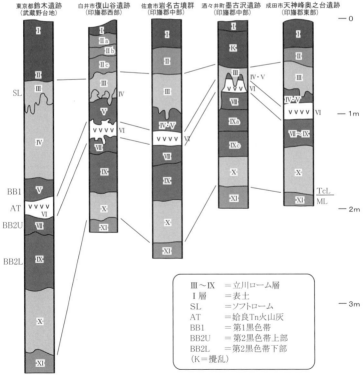

**図16** 立川ローム層対比図（S=1/40）

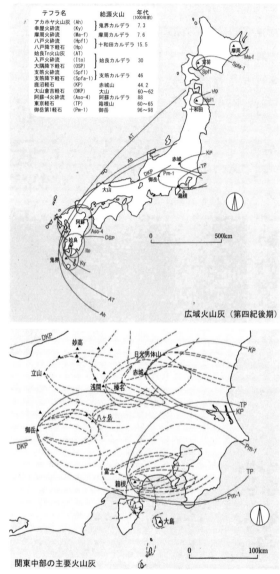

**図17** 代表的火山灰の降灰分布図

分層される（口絵 6 頁下・図16）。この中には、堆積時に火山灰の降下が一時的に弱くなり、植物の繁殖が盛行したためにできたと考えられる黒色帯や約 3 万年前に鹿児島での大噴火により全国的に堆積した始良 Tn 火山灰（AT）等、全国的な地層対比の鍵層になる広域火山灰も見られる（図17）。

これらの分層を基準に各層から出土した石器の新旧関係（地層塁重の法則：正しく重なっている地層においては上位の層は下位の層より新しい）や他地域との対比が行え、これは旧石器研究の基礎となり、石器の変化の歴史をとらえる「編年研究」には欠くことのできない存在になっている（図18）。

**移動する生活の痕跡—石器ブロック—** 後期旧石器時代人達が生活していた地面は関東ローム層中にあり、発掘調査はこの関東ローム層を深く掘り下げて実施される。これを「下層調査」といい、関東ローム層よりも上に生活面を持つ縄文時代以降の「上層調査」とは区別される。これらはともに千葉県の発掘調査で用いられている慣例用語である。

そして発掘調査では、深く掘り下げたローム層の中から石器がある一定の範囲に集中して出土する。数点から時には数千点と規模はさまざまであるが、このまとまりを「ブロック（石器集中地点）」と呼ぶ。当時の人々の石器作りや石器の使用・廃棄などの生活の痕跡と考えられ、1 ブロック＝ 1 家族のイエの痕跡ととらえられる。そして一つの遺跡からは同時期のブロックが数カ所まとまって検出される例が多く（図19）、おそらく当時は数家族がまとまって一つの小集団（バンド、ユニット）を作り、離合集散を繰り返しながら移動する生活を行っていたと考えられる。

第 2 章　環状ブロック群とは

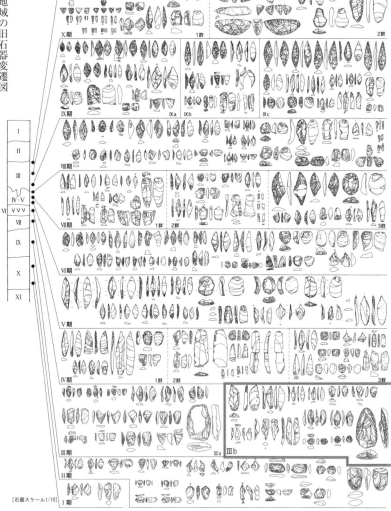

図18　印旛沼周辺地域の旧石器変遷図

26 ──────────────────────────── 第Ⅰ部　遺跡の概要

### (3) 環状ブロック群とは

**環状ブロック群の特徴**　後期旧石器時代の前半期（今から約3万8千年前～3万年前）、石器集中ブロックがドーナツ状にめぐる「環状ブロック群」が多く見られる（図20）。立川ローム層でいうところのⅨ層～Ⅹ層、下総台地では地表下約1.5mから発掘される（図16）。

これらブロック同士は石器の接合関係（コラム4）や石器石材の共有が見られることから、同時にまたお互いに関係を持って存在していたことがわかっており、前項で見たとおり1ブロック＝1家族のイエと考えると、円形に展開する集落の景観が復元される。このことから環状ブロック群は日本最古の「環状集落」「環状のムラ」であるといえる（口絵2頁下、図21）。

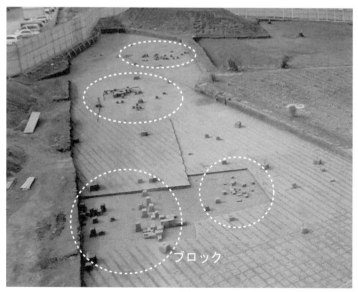

**図19**　ブロック検出状況（千葉県谷津田遺跡・前原№2遺跡）

1979年に実施された群馬県和田遺跡の発掘調査が、旧石器時代の遺跡において石器が環状に分布する例が注目された最初のケースであるが、当時は類例が少なく環状ブロック群として認定するにはいたっていない。その後、群馬県下触牛伏遺跡（図22）や千葉県中山新田Ⅰ遺跡No.9地点など環状のブロック群が多数発見され、橋本勝

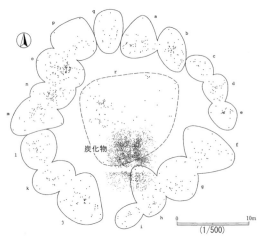

**図20**　千葉県池花南遺跡環状ブロック群

**図21** 栃木県上林(かみばやし)遺跡の環状集落推定景観図

第2章 環状ブロック群とは ─────── 29

雄がこれらをＡＴ降灰以前における特殊な遺物分布とし、「環状ブロック群（ユニット）」と命名した。

この環状ブロック群の基本構成は円周にあたる部分の「外縁部」もしくは「円環部」とその内側にあたる「内核部」もしくは「中央部」に分かれる。内核部には石器ブロックの他、焼土や炭化物集中地点が分布する例も見られ、また内核部の石器ブロックには特定の器種・石材がまとまっていたり、内核ブロック群を中心とした放射状の接合関係が見られるなど特殊な遺物分布例も存在していることから内核部を共有空間としてとらえる意見が多い。そしてさらに類例の増加により環状ブロック群に単独または弧状の付属ブロックが付帯するもの（図23）や近接して２基の環状ブロック群が検出され、環状ブロック群間での石器の接合関係が見られている遺跡（図24）も発見されている。

外縁部の大きさは、東西径は最大が72ｍの群馬県三和工業団地Ｉ遺跡、最小が９ｍの千葉県草刈六之台遺跡Ｊブロックと静岡県中見代Ｉ遺跡で、平均は25.88ｍである。南北径は最大が80ｍの栃木県上林遺跡、最小が８ｍの千葉県中山新田Ｉ遺跡№２地点で、平均は26.15ｍである。出土石器ブロック数と出土石器数による類型別に、環状ブロック群の東西径、南北径でグラフを作成すると（図25）、大半が40ｍ×40ｍの中に納まり、おおよそ20〜30ｍが標準的な大きさととらえられる。そしてそれらはグラフの分布から正円形に近いことがうかがえる。しかし東西径、南北径どちらか一方が40ｍを超える大きさの環状ブロック群は南北に長い楕円形を呈する傾向が強いことが指摘できる。

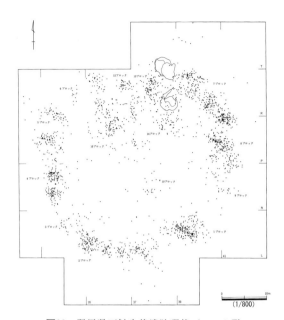

**図22** 群馬県下触牛伏遺跡環状ブロック群

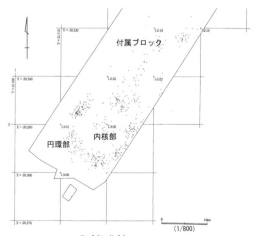

**図23** 千葉県 瀧水寺裏遺跡南側環状ブロック群

第2章 環状ブロック群とは ─────────────── 31

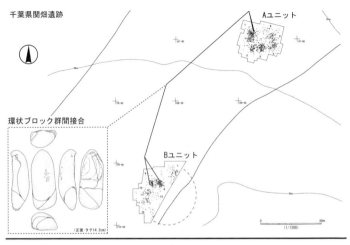

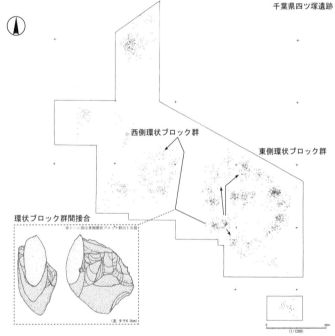

**図24** 環状ブロック群間接合

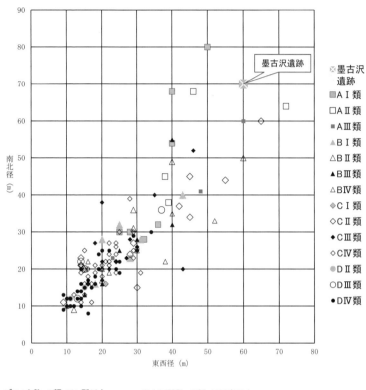

ブロック数　A類：20ヶ所以上　　　出土石器数　Ⅰ類：2000点以上
　　　　　　B類：13～19ヶ所　　　　　　　　　Ⅱ類：1000点以上2000点未満
　　　　　　C類：7～12ヶ所　　　　　　　　　Ⅲ類：600点以上1000点未満
　　　　　　D類：6ヶ所以下　　　　　　　　　Ⅳ類：600点未満

**図25　類型別円環部推定径散布図**

---

**コラム４：石器の接合**

　後期旧石器時代の解説の中で、特に理解・説明が難しいものの一つに石器の「接合」・「接合関係」がある。

　旧石器時代の石器は、打製石器が中心となるが、これは石器を作るた

めに採取してきた原石（母岩）を叩いて割って作っていく（図7）。叩いて割っていくので、割りとったものがすべて残っていれば、割り取った逆の順番でくっ付けていくと最終的には立体パズルのようになって原石に戻っていく。そういうものを石器の接合、接合資料と呼んでいる（口絵4頁下）。ただし、実際の遺跡ではそう単純ではない。原石を持ちまわって石器を作ったり、完成した石器を交換したり、使っていてなくしたり、作り直したり、壊れて捨てたり、別の遺跡へ移動の際に持ち出したり、置き去りにされたり……石器の人生はさまざまである。

　墨古沢遺跡でも図36を見ると線がたくさん入っているのが確認できるが、このような線のすべてが接合関係になる。こうやって見ていくと、これらの線からいろいろなブロックから出た石器がくっ付いて接合関係にあるということがわかるかと思う。これら石器の履歴を一つ一つ、同一母岩の分類・分布や接合関係を通して、石器が、それを作った人々がどのように動いていたのかを見ていくのも旧石器研究の重要な要素の一つである。このような分析を通し、環状ブロック群では遺跡全体でブロック同士が関係性・同時性を有していると確認することができる。


　**日本旧石器時代の３大特徴**　環状ブロック群（図20）は「局部磨製石斧」（図26）、「陥し穴」（図27）と並ぶ、日本旧石器時代の三大特徴の一つであり、世界史的にも例を見ない日本独特の旧石器文化ともいえる。全国で北海道から九州まで142遺跡172基見つかっているが、そのうち約半数の58遺跡76基が千葉県内に分布しており、下総台地の特徴になっている。その中でも墨古沢遺跡を含む印旛沼周辺は特に分布が集中している地域になる（巻末分布図参照）。

　そして、いずれの環状ブロック群も円が整っていることから、短

図26 千葉県出口・鐘塚遺跡出土局部磨製石斧（左：タテ13.9cm）

図27 静岡県初音ヶ原B遺跡第3地点陥し穴列

期間しか使用されていない一過性のものであり、集団を指揮するリーダー的な存在もあったことも指摘されている。また通常は直径20〜30m前後の規模のものが主体であることを先にも述べたが、ごく稀に栃木県上林遺跡（図28）、群馬県下触牛伏遺跡（図22）・三和工業団地遺跡、東京都高井戸東遺跡、千葉県東峰御幸畑西遺跡・南三里塚宮原第１遺跡・泉北側第３遺跡など直径50mを超える大型の

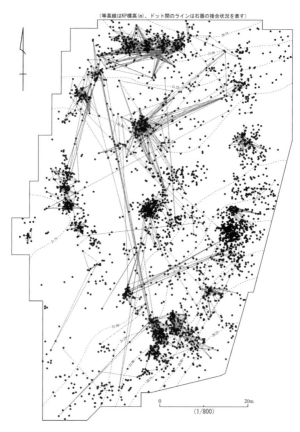

**図28** 栃木県上林遺跡環状ブロック群

環状ブロック群が見られる。これは図25のグラフでもわかるように、全国で十数例しか検出されておらず、墨古沢遺跡もこの例に入る非常に特殊な、そして日本最大級の規模を誇る存在なのである。

**石斧との関係**　じつは日本旧石器時代の三大特徴である環状ブロック群と石斧（局部磨製石斧・打製石斧）は強い関係にあるといえる。このことは同じ後期旧石器時代前半期に消長を同じにする点や環状ブロック群の約7割以上から石斧が検出されていることからも明らかである。通常は1環状ブロック群から石斧が1～2点の出土となっているが、石斧は刃部再生・再加工を繰り返しながら長期の使用が見込まれる石器であり、移動の際には環状ブロック群の外へ持ち出される可能性が強い。そのためこの点数が普段の生活で所有する石斧数を反映しているかは検討を要するところである。実際、環状ブロック群から検出される石斧は欠損品も多く、また長野県日向林B遺跡57点（図29）、千葉県南三里塚宮原第1遺跡第3環状ブロック群20点、東京都川岸遺跡Ⅸb層石器群16点、千葉県

**図29**　長野県日向林B遺跡出土石器

瀧水寺裏遺跡南側環状ブロック群13点、長野県大久保南遺跡大久保南Ⅰa石器文化環状ブロック群12点、長野県針ヶ平第1遺跡11点等の多数検出される遺跡もあるため、注意が必要であろう。

　石斧の用途に関しては大型獣の解体・加工に用いられた説や樹木の伐採・加工に用いられた説が見られるが、まだ各説には問題点も残り、明確な答えが出ていない。散見される石斧の使用痕分析からは「皮なめし」の道具としての用途を示す結果も示されているが、石斧が見られなくなる後期旧石器時代後半期以後、後継する石器の問題についての指摘もある。石斧の用途については環状ブロック群の形成要因（第5章参照）にも深く係わってくると考えられるため、今後の積極的な分析事例の増加を待って再検討されるべき課題ともいえる。

　**始まりと終わり**　環状ブロック群は、後期旧石器時代の初頭よりすでに出現しているが、しかしこの前段階に属する石器資料（前期・中期旧石器群）がほとんどないため、どのような流れの中で環状ブロック群が成立したのか（はじまったのか）現在のところ不明といわざるを得ない。しかし重要なことはホモ・サピエンスが日本に入ってきて、すぐに環状ブロック群が作られ始めたところにあるといえる。これには環状ブロック群が作られた理由（第5章参照）をもとに、今後考えていかなければならないところである。

　終わりについては、立川ロームⅩ・Ⅸ層段階からⅦ・Ⅵ層段階へと最終氷期最寒冷期（LGM）に向かう急速な寒冷化による環境の変化が一因と考えられている。動物・植物の減少から、より集団の分散化・より広域な移動が必要となったからと考えられている。これはⅩ・Ⅸ層段階の石器群が台形様石器、基部加工ナイフ形石

器、局部磨製石斧などを持つ全国的に共通した様相を示しているのに対し、Ⅶ・Ⅵ層段階以降から石器の地域性も顕著に見られはじめることからもこれを証明している。

＊　　＊　　＊

このように環状ブロック群は、研究史的にはまだ若いテーマではあるが、

- 離合集散を繰り返していた生活の中での位置づけ
- 石材の産地分析などから判明する当時の人々の行動範囲
- 局部磨製石斧が多く出土しており、環状ブロック群との関係
- 環状ブロック群の性格の解明
  （石器組成・遺跡立地・石器製作・接合関係・古環境などから）
- 民俗学・人類学からのアプローチ

など、人類が日本に住み始めたころのムラの様相、人々の生活を解明するためのさまざまな要素が凝縮しているといえる。

# 第3章 墨古沢遺跡の環状ブロック群の発見

## ⑴ 遺跡の立地

墨古沢遺跡の環状ブロック群は千葉県印旛郡酒々井町墨字小谷津に所在する。"墨"の地名は、現在の小字・花の木という所に、花が散るときに黛色になる珍花として評判の「墨染の桜」があったことに由来すると伝えられる。

遺跡の所在する酒々井町は千葉県北部に広がる下総台地のほぼ中央にあって印旛沼の南岸に位置する。町域は北部の印旛沼に面した低地と、町の中央を東から西に流れる高崎川によって浸食された低地を挟んだ標高約30ｍ～40ｍを測るほぼ平坦な南北の台地からなり、この台地は大小の谷津が樹枝状に削り込む下総台地特有の複雑な地形を呈している（図30）。

遺跡は高崎川の南岸、高崎川の支流・南部川北岸の標高約35ｍの台地上（千葉上位面）に位置する。高崎川は八街市大池付近を源とする印旛沼に注ぐ鹿島川の支流であり、遺跡の所在する中流域の南岸には標高16～26ｍ前後の河岸段丘（千葉段丘）も発達している。この台地は東西を高崎川により北側から入り込む開析谷に、南側を南部川によって区切られ、南北に細長い形状を呈し、遺跡付近で台地が狭くなっている。

また遺跡周辺の谷津には現在においても水量豊富な湧水点が多数存在している。環状ブロック群の存在していた後期旧石器時代にお

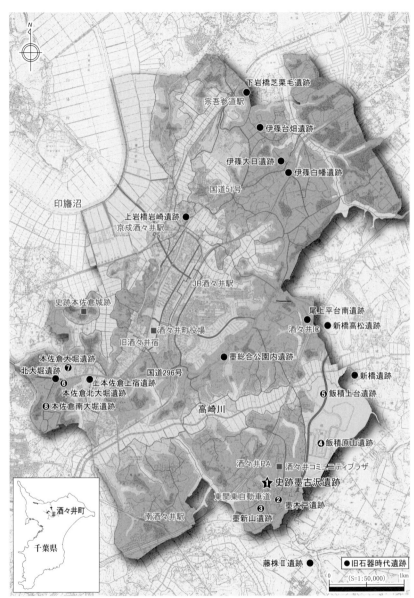

**図30** 墨古沢遺跡位置図及び周辺遺跡分布図

第3章 墨古沢遺跡の環状ブロック群の発見 ―――― 41

いても、現在の地形とは変化が著しかったとは思われるが、湧水は多くみられていたと考えられる（図31）、これを目当てとして集まる動物を狩りの対象としていたことが、遺跡立地の要因の一つとも思われる。

## (2) 複合遺跡・墨古沢遺跡

墨古沢遺跡は面積約27万7,000 m²を測る旧石器時代、縄文時代、

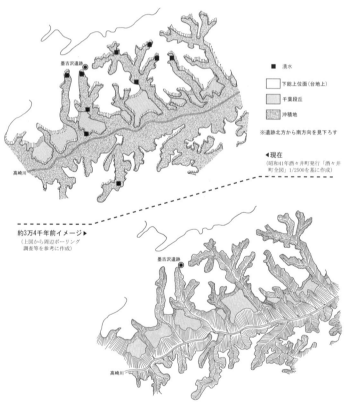

**図31　墨古沢遺跡周辺地形模式図**

第Ⅰ部　遺跡の概要

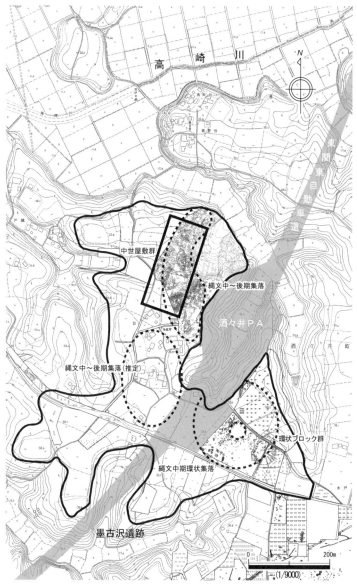

**図32** 墨古沢遺跡全体図（地形図は1966年のもの）

古墳時代、中世～近世初頭の複合遺跡である（図32）。

　元は「墨古沢遺跡」、「墨古沢南Ⅰ遺跡」、「墨古沢南Ⅱ遺跡」の三遺跡に分かれていたが、これは遺跡の中に南北に走る東関東自動車道開通後に機械的に遺跡範囲区分が行われたもので、その後墨古沢南Ⅰ遺跡の史跡指定に向けた遺跡範囲の見直しにより、時代別遺構分布や旧地形を検討した結果、もともとは同じ台地上に広がる一つの大きな遺跡であることが確認されたため、2018（平成30）年3月30日に三遺跡を統合し、「墨古沢遺跡」とした。

　後期旧石器時代の墨古沢遺跡は本書で紹介する通り、遺跡東端に前半期の環状ブロック群が営まれてから後は明確な生活の痕跡は認められない。しかし、環状ブロック群より後の時期の石器自体は単独で出土していることから短期間・小規模に人々が訪れていたことがうかがえる。

　次に大規模に集落が営まれる時期は縄文時代中期前葉（阿玉台式期）から後期前葉（堀之内式期）にかけてであり、特に中期前葉阿玉台式期から中期後葉加曽利Ｅ式期に隆盛を迎える。遺跡の北東から南西に向かって入り組む谷津頭を取り囲むように遺跡の北側から東側にかけて大規模な集落が展開していたものと考えられ（一部中世の遺構により壊されてしまったものと考えられ、北側台地全体に広がっていたものと思われる）、また史跡の西側にも加曽利Ｅ式期の環状集落が見られている。この台地上では今でも未調査の畑には「土の代わりに土器が入っているのでは」と思われるほど多量の縄文土器片が確認でき、さらなる集落の規模の大きさが推定される。

　後続する時期のものとしては古墳時代前期・中期、平安時代の遺

構・遺物が若干みつかっている程度である。この時期の人々の営み
が少なかったのか、中世の遺構に壊されてしまったのか、そのあた
りの解明は今後の周辺調査に期待したい。

　中世には、12世紀後半には墓域として、14世紀後半には大規模工
事により村落が形成される。この村落は15世紀末葉の大規模再編が
なされながら17世紀前半まで存続する。区画をともなう屋敷跡、倉
庫跡など6区画が道路と共に見つかっており、規模の大きさがうか
がえる。この遺跡の西北西800ｍには国史跡・本佐倉城跡（千葉
氏）に係ると思われる墨りゅうがい城（16世紀後半代）の城跡がみ
られ、この集落の人たちと関係をもって存在していたものと考えら
れる。

　江戸時代以降については、明確な遺跡等の資料・痕跡はなく不明
確な部分が多いが、江戸時代中期の終わり頃には墨獅子舞（県指定
無形民俗文化財）が墨地区の鎮守である六所神社の社殿新築にあわ
せ伝わっているように、現在みられる集落の形が出来上がり、存続
していたものと考えられる。墨古沢遺跡は山林、畑として利用され
ていたものと考えられる。


## ⑶　周辺の後期旧石器時代関連遺跡

　墨古沢遺跡（図30の1、以下同じ）の所在する高崎川周辺には、
数多くの旧石器時代遺跡が確認されている。中・小規模かつ内容の
不明確なものが多いが、飯積原山遺跡（4）や飯積上台遺跡（5）の
ような文化層が重複する大規模な遺跡を中心に、旧石器時代を通じ
てその痕跡を確認することができる。

　墨古沢遺跡に大きく関連する遺跡としては、同時期の立川ローム

（以下省略）Ⅸ層段階の遺跡である飯積原山遺跡第2文化層（4）、本佐倉 南 大堀遺跡Aブロック（8）があげられるのみで遺跡数は少ない。飯積原山遺跡では8ブロックが検出され、局部磨製石斧も出土している点で留意される。本佐倉南大堀遺跡のものは珪質頁岩を主体としたⅨ層中部に位置づけられる小規模なものである。

　当該地域ではⅨ層段階に先行する貴重なX層段階の石器群も見られている。ナイフ形石器が複数含まれる飯積原山遺跡第1文化層（4）であるが、いずれも10点未満の小規模ブロックで内容に明確さを欠く。

　墨古沢遺跡よりも後出の近隣の主要な遺跡では、年代の古い順に、黒曜石・珪質頁岩を主体に環状ブロック群に後続する石器群と考えられる飯積原山遺跡第3文化層（4）、玉髄を用いた石刃技法を基盤に持つ飯積上台遺跡第1文化層（5）がⅦ層段階に、またⅣ下・V層段階の遺跡としては、飯積原山遺跡第4文化層（4）や高崎川北岸になるが本佐倉大堀遺跡（7）で黒曜石を主体的に用いたナイフ形石器や円形搔器をともなう石器群がまとまって検出されている（未報告のため詳細は不明）。他に本佐倉北大堀遺跡（6）Ⅰ・Ｊブロックにおいても同時期の小規模な石器群が見つかっている。

　さらに後続する遺跡としては、尖頭器文化期段階の遺跡として、隣接する墨新山遺跡第3ブロック（3）でⅢ～V層にかけてナイフ形石器や尖頭器がまとまって検出され、同じく隣接する墨木戸遺跡（2）においても尖頭器が遺構外出土で見つかっている。細石刃文化期の遺跡としては飯積原山遺跡第5文化層（4）から野岳・休場型の細石刃核をともなうまとまった石器が、墨古沢遺跡（1）からは舟底形の細石刃核がⅢ層または上層から単独出土しているという状

況である。また地図外になるため示せなかったが、墨古沢遺跡の北東側約4km離れた富里市 南 大溜 袋 遺跡は旧石器時代終末期の尖頭器85点がまとまって出土した遺跡であり、千葉県の史跡指定を受けている重要な遺跡である。

　残念ながら、高崎川流域および酒々井町内においても墨古沢遺跡以外、他の環状ブロック群は今のところ検出されていない。しかし千葉県内では1遺跡内から隣接して複数の環状ブロック群が検出され、環状ブロック群間での接合資料が見られている山武市四ツ塚遺跡、袖ケ浦市関畑遺跡の例があり（図24）、今後の周辺調査の進捗によってはさらなる環状ブロック群が発見される可能性は否めない。

### (4)　環状ブロック群の発見

　**発掘調査の経過**　墨古沢遺跡の環状ブロック群は、（財）千葉県文化財センターによる、1999・2000（平成11・12）年度の東関東自動車道酒々井パーキングエリア拡張工事にともなう緊急発掘調査により発見され（図33）、その際に立川ローム層第Ⅸ層上部（口絵6頁下、Ⅸa層・約3万4千年前）から環状ブロック群1カ所が見つかり、開発予定地内に所在する西側約1/2（報告書当初推定）について発掘調査（下層3,020m²）が行われた。

　扇状に並ぶ29カ所のブロックとそれらにともなう20カ所の付随ブロックの合計49カ所ブロックから計3,946点の石器が出土した。その内容・成果については2005（平成17）年に刊行された発掘調査報告書により詳述されており、日本国内でも最大級の環状ブロック群（推定径60m×54m〔報告書当初推定〕）であることが推察された。

第3章　墨古沢遺跡の環状ブロック群の発見 ——————— 47

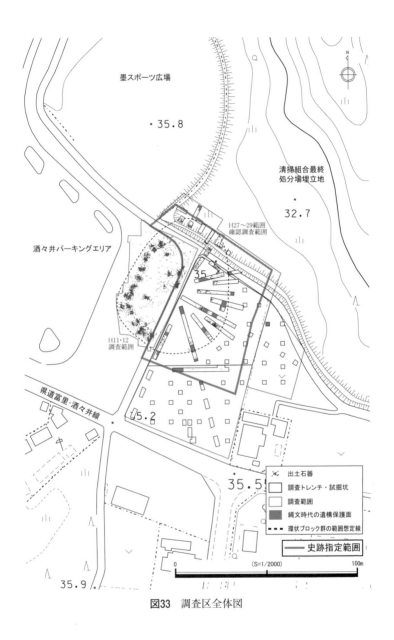

**図33　調査区全体図**

**環状集落の形成過程** (財)千葉県
文化財センターの報告ではこれらの
石器ブロックを、石器の器種、石材
の出土状況、石器ブロック内外の接
合関係をもとに類型化し、その分布
と内容の特徴から北半部の石器ブ
ロック群、南半部の石器ブロック群
で分かれ、両石器ブロック群をまた
いで接合する例がほとんどないこと
から、それぞれを有意なまとまりと
みなし、北半部の石器ブロック群を
Aユニット、南半部の石器ブロック
群をBユニットと識別した。

　2つのユニットはガラス質黒色安
山岩を主体に、玉髄（メノウ含む）
やトロトロ石、流紋岩、珪質頁岩等
の頁岩類、黒曜石等を組成する（表
2）、きわめて類似した石材組成を
示している。石器群に関しては形状
が角柱状・円錐状、亀甲状、盤状、
チョッピングトゥール状等多様な石

表2　石材集計表

| 石材 | 点数 | 割合 |
|---|---|---|
| ガラス質黒色安山岩 | 2,903点 | 73.57% |
| 玉髄（メノウ含む） | 370点 | 9.38% |
| トロトロ石 | 234点 | 5.93% |
| 流紋岩 | 204点 | 5.17% |
| 珪質頁岩 | 88点 | 2.23% |
| 硬質頁岩 | 50点 | 1.27% |
| 頁岩 | 26点 | 0.66% |
| 黒曜石（信州・高原山・神津島） | 25点 | 0.63% |
| 粘板岩 | 19点 | 0.48% |
| 砂岩 | 14点 | 0.35% |
| その他（チャート、緑泥片岩など） | 13点 | 0.33% |
| 合　計 | 3,946点 | 100.00% |

表3　石器集計表

| 器種 | 点数 | 用途 |
|---|---|---|
| ナイフ形石器 | 2点 | 狩猟具 |
| 台形様石器 | 69点 | |
| 彫刻刀形石器 | 1点 | |
| 楔形石器 | 27点 | 加工具 |
| 石錐 | 2点 | |
| 削器 | 2点 | |
| 敲石 | 2点 | |
| 2次加工のある剥片 | 76点 | |
| 微細剥離痕のある剥片 | 51点 | 素材等 |
| 石核 | 161点 | |
| 剥片・砕片類（石斧調整剥片7点を含む） | 3,535点 | |
| 礫・礫片 | 18点 | |
| 合　計 | 3,946点 | |

核から剥離された不定形剥片を素材に製作される台形様石器、ナイ
フ形石器をともない、他に楔形石器、削器、石錐、彫刻刀形石器、
敲石等を組成する（表3、図34、35）。台形様石器には長方形、切
出形、ペン先形とバラエティーに富み、大小もさまざまである。石

刃技法による石刃や石刃素材のナイフ形石器は認められず、局部磨製石斧も確認されなかったが、研磨痕を有する調整剥片等、石斧の再生・再加工に関連した遺物を、総括報告書作成にともなう資料整理中に確認した（口絵4頁上）。接合資料は215個体、679点が認められ、そのうちブロック間接合が33例であった。ブロック間接合の中には10m以上（最大は30m）離れたもの同士の接合も多数認められている（図36）。

またこれらの石器群は、（財）千葉県文化財センターの報告ではⅨ層下部から中部にかけて出土する印旛編年Ⅲa期に該当すると位置づけられたが、次章で述べる範囲確認調査や総括報告書作成での再検討のときに、出土層位や石器群の諸特徴からⅨ層中部から上面にかけて出土する印旛編年Ⅲb期に該当するとの見解が得られてい

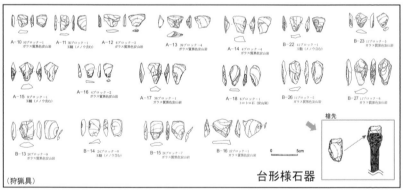

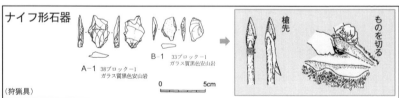

**図34** 墨古沢遺跡出土石器（1）

る（図18太枠内）。

　さらに2つのユニットの境界付近では、両者の境界を明確に分離することが困難であり、また両ユニット間で接合する資料がわずかながら見られることから、両ユニットが同時期に、同時存在したと推定している。

　以上を踏まえ、集落形成モデルとして3つの仮説が提示された（図37）。そして、これら三仮説はすべてに可能性があるとしながらも、遺跡の分析検討した結論に最も近いものは複合一体型だとし、この仮説をもとに居住期間・集団構成・集落形成過程について考察を行っている。

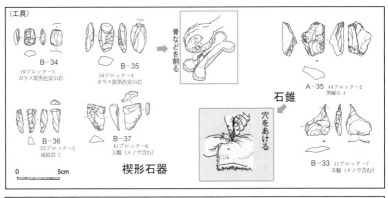

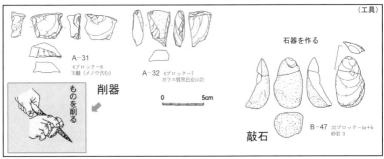

**図35　墨古沢遺跡出土石器（2）**

居住期間については消費される母岩数と製作された製品がそれほど多くなく、分布状況を見てもＡ、Ｂユニットが整然とした円環状を呈することから、比較的短い期間を想定している。

　集団構成については、「世帯」＜「単位集団」＜「集団群」という階層的な単位で構成されたことを前提とし、１～５程度の石器ブロックのまとまりを「世帯」、Ａ、Ｂそれぞれのユニットと東側未調査区に存在するであろう１から２ユニットを「単位集団」、「単位集団」が３つから４つ集まり構成される墨古沢遺跡の環状ブロック

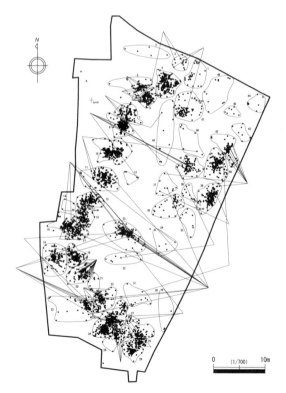

**図36**　1999・2000年度調査遺物分布・ブロック間接合図

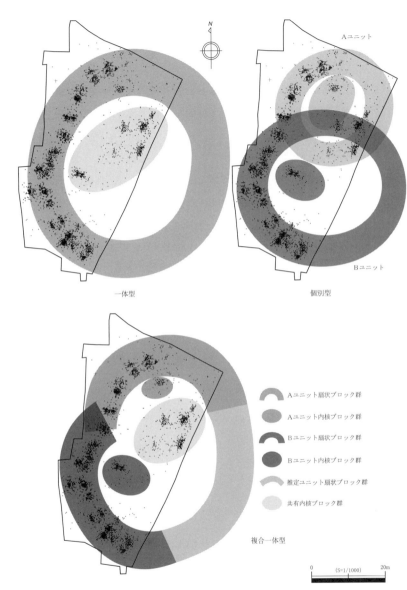

**図37** 墨古沢遺跡環状集落形成モデル仮説

群を「集団群」ととらえている。

そして集落形成過程は、同様のルートで移動生活をしていた単位集団が墨古沢遺跡に3から4つ集結した結果であると推定し、これを「離合集散」による流動的な集団形態を表していると指摘した。また、外縁部と内核部の関係に着目し、内核部において良質な母岩から管理的な石器製作が行われ、外縁部に工程別に剥離された石器が分与されたと推定できる接合資料が見いだされたことから、内核部を公的な場、外縁部を私的な場として利用したと理解した。内核部に公的な場が設けられたのは、全体として集団群をまとめ上げる求心的作用が働いたものであったと想定し、墨古沢遺跡の環状ブロック群を「共生」の考えのもとに形成された集落であったと位置づけた。

⑸ **保存への流れ**

以上のような価値をもつ日本最大級の環状ブロック群について酒々井町では旧石器時代のムラの様相を表す貴重な資料として注目し、2007（平成19）年度にはその貴重な遺物を広く町民に向けて紹介するため、遺跡に近接する町の施設である「酒々井コミュニティプラザ」のロビーでの展示を行った（図38）。小規模ながら約3万年以上前の後期旧石器時代というはるか昔、自分たちが今

**図38** 酒々井コミュニティプラザ展示（2007年～）

生活している土地でどのような人々がどのような生活をしていたのか、普段では見られない本物の石器とともに地域の歴史を学ぶことができる場として、また下総台地で特徴的に発見されている環状ブロック群がどのような意味を持ち学術上貴重なものであるかを知ることができる場として好評を博した。

しかし調査の行われた環状ブロック群は一部であって東側については手つかずのまま残されている可能性がある。また酒々井パーキングエリア（上り）に隣接し、近接地には町の施設であるハーブ・ガーデンがあり、さらに2013（平成25）年に酒々井インターチェンジの開設や大型商業施設（酒々井プレミアム・アウトレットなど）が開業するなど、今後の活用に向けての立地環境も良好であった。

そこで酒々井町ではこの貴重な文化遺産を後世に引き継ぐため（実際に酒々井インターチェンジや酒々井プレミアム・アウトレットの開業で、本遺跡を含む、周辺地域の開発の話が増加してきた）、まずは環状ブロック群の残りの部分がどのような状況であるか、その規模や遺存状態を確認し、学術的な価値づけを行うため、2015（平成27）年度より国・県の補助金を活用して内容把握のための範囲確認調査を実施することとなった。挑戦への始まりである。

### コラム5：旧石器時代遺跡の発掘調査

通常発掘調査は上から下へ、新しい時代からより古い時代へと進められるため、上層調査（縄文時代以降の新しい時代の調査）の後に下層調査（後期旧石器時代の調査）が行われることになる。後期旧石器時代の遺跡は、"あるのか""ないのか"、またあっても石器ブロックがどのように広がっているのか事前にはわからないため、検出される確率を考慮

して、千葉県ではおよそ調査面積の約4％の試掘坑を調査区内に均等に配置して進められる（例えば10m角の調査区グリッドに2m角の試掘坑を1つのように）。それを考えれば墨古沢遺跡で行った範囲確認調査の放射状トレンチは非常に特殊例といえる（第4章参照）。「思いつくかもしれないが、実際にやる人はいない」といわれたこともある。

この試掘坑を上から人力で、下総台地では2m程掘削する。狭い試掘坑内で、硬いローム層を小さな石器を見つけるために掘削するわけで

**図39** 旧石器時代遺跡の重機を用いた確認調査風景

**図40** 旧石器時代遺跡の調査風景

あるから、作業員さんにとってはつらい作業の一つにあげられ、また時間もかかる。しかし近年では、特に面積が広い現場では時間短縮と作業効率を考慮し（調査費用に直結してしまうため）、重機を用い、約10 cmごとに平らに土を掘削して（ベテランのオペさんだとこれが可能である）、その土を板の上に広げて細かく精査して中から石器を見つける確認調査方法（図39）がとられている。しかしこの方法は重機や作業員を断続的に動かせるような広い面積でないと効率も悪く、またブロックの真ん中に試掘坑があたってしまうとブロック分布図に空白部分ができてしまうという欠点もある。

　石器が検出された試掘坑を中心にさらに細かい試掘坑を設定して調査し、範囲が確定したら今度は全体を掘削する「本調査」へと移行する。石器が出土した層位が深いのであれば、上のローム層は重機によって掘削されることもあるが、やはり最終的な石器の検出を行う細かい調査は人力になる。さらに広い面積を人力で、硬いロームを相手に、同じような掘削作業を、風が通らない深い調査区の中で行うため、作業員たちには大変な苦労をかけて（図40）調査を行ってもらうことになる。特に夏の現場は想像をはるかに超える状態になる。多少の〝ガジリ〟（図51）は勘弁してあげなければならない。

第3章　墨古沢遺跡の環状ブロック群の発見 ——————————— 57

# 第Ⅱ部

## 遺跡のあゆみ

―発掘調査の成果と遺跡の未来―

# 第4章 | 範囲確認調査と自然科学分析の成果

## ⑴ 範囲確認調査の開始

**方法と経過** 酒々井町では墨古沢遺跡の将来的な保存・活用に向け、遺跡の内容を把握するため、範囲確認調査を実施した（図41）。範囲確認調査は文化庁、千葉県教育委員会、墨古沢南Ⅰ遺跡調査検討会（2015［平成27］年度）、墨古沢南Ⅰ遺跡調査指導委員会（2016〜2018［平成28〜30］年度）の指導・助言を仰ぎながら、2015（平成27）年度から2017（平成29）年度の3カ年、4次にわたり、環状ブロック群のうち、東側に残存していると思われる部分について確認調査を実施し、規模・範囲・形態・遺存状態等を確定すること、また周辺部においても本環状ブロック群の付属ブロックや同時期の石器ブロック、2基目の環状ブロック群の検出等、同一時期の生活痕跡がないかを確認することを主目的に行われた。

範囲確認調査は、（財）千葉県文化財センターの発掘調査により出土した環状ブロック群の東側を主な調査範囲とし、環状ブロック群の中心部と推定される地点から、円をとらえることを意識し、放射状にトレンチを21カ所、また環状ブロック群の内部や、周辺にトレンチを8カ所、試掘抗（＝テストピット）を40カ所設定した。

調査は上層の遺構確認面から下層の範囲確認調査へと順に実施した。確認調査におけるトレンチ・テストピットの総面積は、確認調査範囲面積の約11％である。

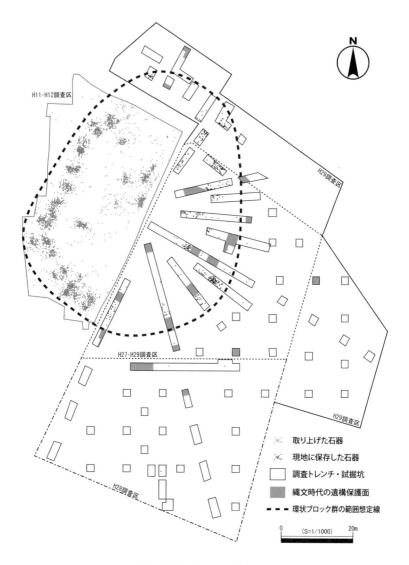

図41 環状ブロック群検出状況

調査は下層の環状ブロック群における石器群の広がりを確認し、規模を正確に把握することが範囲確認調査の主目的であるが、遺跡の保存を前提とするため上層において遺構（縄文時代の陥し穴等）を確認した地点は、上層遺構から約1mの範囲を上層遺構保護面として発掘せずに保存し、下層の調査を実施した。

　調査では、すべての出土石器は出土した状態で一切の移動を行わずに原位置のまま保存した。当然、取り上げはせず、分布図を作成して、器種や石材、標高を石器の一部が露出した状態で判断できる範囲で記録し、保護処置を施して現地保存した。石器が密集して出土した場合は、その段階で石器ブロックを確認したと判断し、保存の観点から無理な掘り下げは実施していない。

　この他、当時の焚き火跡にともなうと考えられる多量の炭化材が出土したが、当初これらも基本的には保護し、炭化材下の石器ブロックの有無を確認するためサブトレンチを設定して対応したが、調査指導委員会の助言を受け、第7次調査（2016［平成28］年度調査）以降、石器ブロックの広がりが正確に把握できないことを懸念し、炭化材は記録保存にとどめ、石器の検出を優先した。なお、自然科学分析のため5mm角以上の炭化材は資料番号を与えサンプリングしている。

　さらに、環状ブロック群立地の微地形を確認するため、ハンドオーガーによる土層確認ボーリングを調査区内4カ所に実施し、あわせて埋没等高線図（IX層上面の埋没地層の等高線図）作成のための土層断面の標高記録作成に努めた（図46、図47）。

　調査終了時の石器の保護処置は、出土石器を土柱の上に残し、耐水紙で石器を覆い、その後トレンチ全体に砂を3cmほど、土柱の

上には土饅頭のように敷き詰める方法をとった。この保護処置により、石器の移動を防ぎ、範囲確認調査における発掘深度と石器の位置を後世に示すことができる。

以上の調査方法により、遺跡の破壊を最小限に止めた調査を実施することができたばかりではなく、これまで非常に難しいとされた保存を前提とした旧石器時代の範囲確認調査の方法を考案・実践し、確かな成果を得ることができた。

**予想をはるかに超えた石器の広がり**　（財）千葉県文化財センターの２カ年の緊急発掘調査および酒々井町教育委員会の３カ年におよぶ範囲確認調査の結果、環状ブロック群の残り東半についての遺存状況もよく、石器のひろがりや分布形態を明らかにすることができた。また環状ブロック群は当初の予想分布範囲からさらに北側への広がりをみせ、これにより規模が南北70ｍ×東西60ｍ、環状ブロック群の遺存率も６割強となった（図41）。この範囲は約500人乗りのジャンボジェット機がほぼ納まる広さである。

範囲確認調査で確認できたブロック数は12カ所、石器数は440点であり、（財）千葉県文化財センター調査と合わせるとブロック数61カ所、石器数4,386点にのぼる。この成果により環状ブロック群全体では、ブロック数は70カ所以上、石器の総点数も１万点をこえるものと推察され、規模・ブロック数・石器総数においても、非常に大規模かつ日本最大級を誇るものであることが判明した。

残念ながら、下総台地を含め全国で発見されている環状ブロック群のそのほとんどは、地中深くに埋蔵されていることから事前にその存在を知ることは難しく、緊急発掘調査が進んだ上で判明する例が多いことから、記録保存のために調査・破壊されて失われてしま

い、現存していない（第1章参照）。しかしながら、墨古沢遺跡は6割強ながらも遺存していることが確実に判明している貴重な例でもある。

## (2) 科学の目で調べる

範囲確認調査では、現地の発掘調査と並行して石器石材の原産地分析や出土炭化材の年代測定など、さまざまな自然科学的分析を実施し、貴重なデータが得られている。これらの成果は国史跡指定にむけて、遺跡の価値付けを行っていく上で非常に重要な要素となったことはいうまでもない。

**遺跡の年代測定**　環状ブロック群内および周辺の当時の焚き火の跡（炭化材集中地点）から検出された炭化材31点の放射性炭素年代測定（AMS法・コラム6）を行った。測定および測定結果の検討にあたっては、工藤雄一郎（当時：国立歴史民俗博物館、現：学習院女子大学）に多大なる協力を得て実施した。

測定試料については年代にバラつきが見られ（表4・図42）、5つのグループに分かれたものの、検討の結果、16点と最も多くの試料が集中し、遺跡内にも広範囲に分布が広がる34,000〜33,200年（較正済み年代）のグループ④を墨古沢遺跡の年代としてとらえ、環状ブロック群が約3万4千年前に営まれていた集落であることが判明した。

これにより千葉県内のみならず全国でも初めて環状ブロック群の明確な年代が得られる例となった。

**表4** 樹種同定・年代測定一覧表
（その1）

※網掛け部はグループ④の試料

| 分析No. | 調査時 | トレンチ | ブロック | 試料No. | AMS | 標高(Z座標) | 樹種 | 年代測定試料番号 | ¹⁴C年代(yrBP±1σ) | 較正年代 cal BP(IntCal13) 2σ |
|---|---|---|---|---|---|---|---|---|---|---|
| 1 | 6次 | 6-1 | 炭化材集中部 | 2 | | 33.615 | トウヒ属 | | | |
| 2 | 6次 | 6-1 | 炭化材集中部 | 4 | | 33.597 | ― | | | |
| 3 | 6次 | 6-1 | 炭化材集中部 | 16 | | 33.495 | トウヒ属 | | | |
| 4 | 6次 | 6-1 | 炭化材集中部 | 17 | | 33.499 | ヒメバラモミ''' | | | |
| 5 | 6次 | 6-1 | 炭化材集中部 | 21 | | 33.515 | トウヒ属 | | | |
| 6 | 6次 | 6-1 | 炭化材集中部 | 22 | | 33.537 | ヒメバラモミ''' | | | |
| 7 | 6次 | 6-1 | 炭化材集中部 | 31 | | 33.416 | トウヒ属 | | | |
| 8 | 6次 | 6-1 | 炭化材集中部 | 33 | | 33.497 | トウヒ属 | | | |
| 9 | 6次 | 6-1 | 炭化材集中部 | 36 | | 33.421 | トウヒ属 | | | |
| 10 | 6次 | 6-1 | 炭化材集中部 | 42 | | 33.525 | ヒメバラモミ''' | | | |
| 11 | 6次 | 6-1 | 炭化材集中部 | 59 | | 33.490 | トウヒ属 | | | |
| 12 | 6次 | 6-1 | 炭化材集中部 | 72 | | 33.466 | トウヒ属 | | | |
| 13 | 6次 | 6-1 | 炭化材集中部 | 76 | | 33.546 | トウヒ属 | | | |
| 14 | 6次 | 6-1 | 炭化材集中部 | 84 | | 33.458 | 針葉樹 | | | |
| 15 | 6次 | 6-1 | 炭化材集中部 | 86 | | 33.436 | トウヒ属 | | | |
| 16 | 6次 | 6-1 | 炭化材集中部 | 101 | | 33.465 | トウヒ属 | | | |
| 17 | 6次 | 6-1 | 炭化材集中部 | 129 | | 33.460 | トウヒ属 | | | |
| 18 | 6次 | 6-1 | 炭化材集中部 | 138 | ○ | 33.544 | トウヒ属 | 2016-066 | 29900±100 | 34211-33752 |
| 19 | 6次 | 6-1 | 炭化材集中部 | 151 | | 33.428 | トウヒ属 | | | |
| 20 | 6次 | 6-1 | 炭化材集中部 | 157 | | 33.487 | ヒメバラモミ''' | | | |
| 21 | 6次 | 6-1 | 炭化材集中部 | 159 | | 33.478 | トウヒ属 | | | |
| 22 | 6次 | 6-1 | 炭化材集中部 | 180 | | 33.451 | ヒメバラモミ''' | | | |
| 23 | 6次 | 6-1 | 炭化材集中部 | 200 | ○ | 33.392 | ヒメバラモミ''' | 2016-067 | 29870±100 | 34192-33736 |
| 24 | 6次 | 6-2 | 石器ブロック部 | 51 | ○ | 33.596 | 広葉樹 | 2016-068 | 35730±150 | 40816-39911 |
| 25 | 6次 | 6-2 | 石器ブロック外 | 59 | | 33.500 | トウヒ属 | | | |
| 26 | 6次 | 6-3 | 石器ブロック部 | 31 | ○ | 34.025 | サクラ属 | 2018-091 | 21120±60 | 25662-25249 |

| 分析No. | 調査時 | トレンチ | ブロック | 試料No. | AMS | 標高(Z座標) | 樹種 | 年代測定試料番号 | ¹⁴C年代(yrBP±1σ) | 較正年代 cal BP (IntCal13) 2σ |
|---|---|---|---|---|---|---|---|---|---|---|
| 27 | 6次 | 6-3 | 石器ブロック部 | 32 | | 34.032 | サクラ属 | | | |
| 28 | 6次 | 6-3 | 石器ブロック部 | 41 | ○ | 34.007 | サクラ属 | 2016-069 | 24200±70 | 28520-27965 |
| 29 | 6次 | 6-3 | 石器ブロック部 | 49 | ○ | 33.511 | サクラ属 | 2016-070 | 27950±80 | 31950-31362 |
| 30 | 6次 | 6-4 | 石器ブロック部 | 45 | ○ | 33.524 | サクラ属 | 2016-071 | 24310±70 | 28622-28096 |
| 31 | 6次 | 6-4 | 石器ブロック部 | 51 | ○ | 33.767 | オニグルミ属 ? | 2018-092 | 30470±100 | 34718-34160 |
| 32 | 6次 | 6-4 | 石器ブロック部 | 63 | | 33.798 | オニグルミ属 ? | | | |
| 33 | 6次 | 6-4 | 石器ブロック部 | 66 | ○ | 33.611 | オニグルミ属 ? | 2018-013 | 31690±120 | 35960-35218 |
| 34 | 6次 | 6-4 | 石器ブロック部 | 67 | ○ | 33.851 | 広葉樹 | 2018-099 | 30420±90 | 34680-34123 |
| 35 | 6次 | 6-4 | 石器ブロック部 | 70 | | 33.985 | ― | | | |
| 36 | 6次 | 6-4 | 石器ブロック部 | 74 | | 33.851 | オニグルミ属 ? | | | |
| 37 | 6次 | 6-4 | 石器ブロック部 | 76 | ○ | 33.985 | 広葉樹 | 2016-072 | 23910±70 | 28148-27732 |
| 38 | 6次 | 6-5 | 石器ブロック部 | 1 | ○ | 33.585 | クリ ? | 2018-093 | -1230±15 | 1958-1990 cal AD ※Bomb13 NH2 |
| 39 | 6次 | 6-5 | 石器ブロック部 | 2 | ○ | 33.339 | トネリコ属 | 2018-094 | 30960±100 | 35104-34596 |
| 40 | 6次 | 6-5 | 石器ブロック部 | 3 | ○ | 33.583 | 広葉樹 | 2016-073 | 30190±110 | 34513-33929 |
| 41 | 6次 | 6-5 | 石器ブロック部 | 4 | ○ | 33.546 | ブナ科 ? | 2018-095 | 2755±20 | 2917-2785 |
| 42 | 6次 | 6-5 | 石器ブロック部 | 5 | | 33.445 | トウヒ属 | | | |
| 43 | 6次 | 6-5 | 石器ブロック部 | 6 | | 33.541 | サクラ属 | | | |
| 44 | 6次 | 6-5 | 石器ブロック部 | 7 | | 33.531 | サクラ属 | | | |
| 45 | 6次 | 6-5 | 石器ブロック部 | 8 | ○ | 33.537 | サクラ属 | 2018-096 | 25310±70 | 29632-29086 |
| 46 | 6次 | 6-5 | 石器ブロック部 | 154 | | 33.537 | 同定不能 | | | |
| 47 | 6次 | 6-5 | 石器ブロック部 | 183 | ○ | 33.313 | ヒメバラモミ ? | 2016-074 | 29930±100 | 34243-33764 |
| 48 | 6次 | 6-7 | 石器ブロック外 | 4 | | 33.642 | ヒメバラモミ ? | | | |
| 49 | 6次 | 6-7 | 石器ブロック外 | 8 | ○ | 33.634 | ヒメバラモミ ? | 2016-075 | 29150±100 | 33690-33048 |
| 50 | 6次 | 6-7 | 石器ブロック部 | 27 | | 33.658 | トウヒ属 | | | |
| 51 | 6次 | 6-7 | 石器ブロック部 | 29 | | 33.688 | トウヒ属 | | | |
| 52 | 6次 | 6-7 | 石器ブロック部 | 32 | | 33.685 | ― | | | |
| 53 | 6次 | 6-7 | 石器ブロック部 | 62 | ○ | 33.525 | トウヒ属 | 2016-065 | 28550±90 | 32995-32045 |

(その2)

| 分析No. | 調査時 | トレンチ | ブロック | 試料No. | AMS | 標高(Z座標) | 樹種 | 年代測定試料番号 | ¹⁴C年代(yrBP±1σ) | 較正年代 cal BP (IntCal13) 2σ |
|---|---|---|---|---|---|---|---|---|---|---|
| 2 | 9次 | 道路下2トレンチ | | 34 | ○ | 33.585 | マツ科 | 2018-003 | 25820±80 | 30407-29645 |
| 3 | 9次 | 清掃工場内1トレンチ | | 1 | ― | 33.451 | マツ科 | 2018-004 | 試料不足 | ― |

| 分析No. | 調査時 | トレンチ | ブロック | 試料No. | AMS | 標高(Z座標) | 樹種 | 年代測定試料番号 | $^{14}$C年代(yrBP±1σ) | 較正年代cal BP (IntCal 13) 2σ |
|---|---|---|---|---|---|---|---|---|---|---|
| 4 | 9次 | 清掃工場内2トレンチ | | 1 | | 33.434 | サクラ属 | | | |
| 5 | 9次 | 清掃工場内2トレンチ | | 2 | ○ | 33.770 | マツ科 | 2018-005 | 29800±100 | 34137-33692 |
| 6 | 9次 | 9-1 | | 1 | ○ | 33.450 | ヒメバラモミ/// | 2018-006 | 29470±100 | 33920-33470 |
| 7 | 9次 | 9-1 | | 66 | | 33.506 | ヒメバラモミ/// | | | |
| 8 | 9次 | 9-1 | | 67 | | 33.455 | トウヒ属 | | | |
| 9 | 9次 | 9-2 | | 43 | ○ | 33.465 | トウヒ属 | 2018-097 | 29520±90 | 33938-33513 |
| 10 | 9次 | 9-2 | | 49 | | 33.456 | トウヒ属 | | | |
| 11 | 9次 | 9-2 | | 89 | ○ | 33.375 | トウヒ属 | 2018-007 | 29230±100 | 33761-33155 |
| 12 | 9次 | 9-2 | | 90 | ○ | 33.303 | 不明(発泡) | 2018-008 | 31840±110 | 36100-35414 |
| 14 | 9次 | 9-3 | | 84 | ○ | 33.469 | サクラ属 | 2018-009 | 30210±100 | 34527-33958 |
| 17 | 9次 | 9-4 | | 17 | ○ | 33.638 | オニグルミ? | 2018-010 | 31330±110 | 35546-34867 |
| 19 | 9次 | 9-TP6 | | 9 | | 33.655 | トウヒ属 | | | |
| 20 | 9次 | 9-TP6 | | 23 | ○ | 33.505 | ヒメバラモミ/// | 2018-011 | 30160±110 | 34480-33917 |
| 21 | 9次 | 9-TP6 | | 24 | | 33.530 | ヒメバラモミ/// | | | |
| 23 | 7次 | 7-5 | | 1 | | 34.199 | サクラ属 | | | |
| 24 | 7次 | 7-TP2 | | 77 | | 34.077 | トウヒ属 | | | |
| 25 | 7次 | 7-TP5 | | 23 | | 33.994 | トウヒ属 | | | |
| 26 | 7次 | 7-TP12 | | 14 | | 33.977 | トウヒ属 | | | |
| 27 | 7次 | 7-TP17 | | 109 | ○ | 33.904 | トウヒ属 | 2018-012 | 30370±110 | 34573-33995 |

(その3)

| 分析No. | 調査時 | トレンチ | ブロック | 試料No. | AMS | 標高(Z座標) | 樹種 | 年代測定試料番号 | $^{14}$C年代(yrBP±1σ) | 較正年代cal BP (IntCal 13) 2σ |
|---|---|---|---|---|---|---|---|---|---|---|
| 1 | 10次 | 清掃工場内6トレンチ | | 2 | | 33.802 | 未同定 | | | |
| 2 | 10次 | 清掃工場内6トレンチ | | 4 | | 33.717 | 未同定 | | | |
| 3 | 10次 | 清掃工場内6トレンチ | | 6 | ○ | 33.705 | ニレ属 | 2018-100 | 30500±100 | 34740-34179 |
| 4 | 10次 | 清掃工場内7トレンチ | | 1 | | 33.921 | 未同定 | | | |
| 5 | 10次 | 清掃工場内7トレンチ | | 3 | | 33.855 | 未同定 | | | |
| 6 | 10次 | 清掃工場内7トレンチ | | 4 | | 33.863 | 未同定 | | | |
| 7 | 10次 | 清掃工場内7トレンチ | | 5 | ○ | 33.847 | 同定不能 | 2018-098 | 29700±90 | 34059-33635 |
| 8 | 10次 | 清掃工場内7トレンチ | | 6 | | 33.847 | 未同定 | | | |
| 9 | 10次 | 清掃工場内7トレンチ | | 11 | | 33.750 | 未同定 | | | |

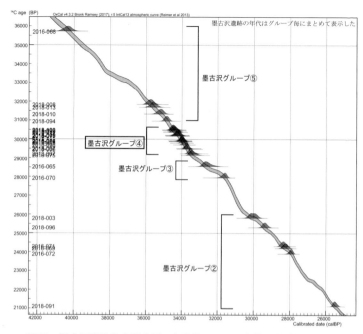

**図42** 墨古沢遺跡出土炭化材の年代的グループと較正曲線 IntCal 13

---

### コラム6：考古学を助ける自然科学分析

〔AMS法〕 放射性炭素年代測定加速器質量分析法の略。炭素14（$^{14}C$）年代測定法の一つ。自然界の炭素原子には重さが異なる炭素12（$^{12}C$）、炭素13（$^{13}C$）、炭素14が存在し、その比率はそれぞれ炭素12で99％、炭素12で約1％とその大半を占め、炭素14は約1兆分の1だけの存在である。その炭素14は生物が死ぬと自然界からその供給が行われなくなり、時間の経過とともに次第に減少していき、5730年で半減する。その特性を利用した年代測定法である。

1970年代末に加速器で炭素14を直接数える方法AMS（Accelerator-

MassSpectrometer＝加速器質量分析計）が開発され、試料量（現在では1mgあれば測定可）・測定時間など従来と比較し高精度化・高効率化され、また約6万年前まで測定可能となった。しかし炭素14量は、宇宙線の変動などにより一定ではなく、その測定結果は年代が古くなるほど誤差が生じる。そのため古樹の年輪や海洋・湖底堆積物、鍾乳石などを用い、年代の較正（暦年較正）を行う較正曲線が公表され（執筆時の最新はIntCal 20）、正確な年代が決定される。墨古沢遺跡ではIntCal 13を用い、約3万4千年前の年代を得ているが、その後IntCal 20を用いて再計算を行ったが、「約3万4千年前」という結果に大きな変わりはなかった。

〔プラント・オパール（植物珪酸体）分析〕　イネやススキなどイネ科の植物の葉にはガラス質細胞が含まれており、これは植物が死滅しても土中に小さな化石（プラント・オパール）として残る。そしてこれはローム層などの乾燥環境下での堆積物においても十分な量が検出される。

　プラント・オパールは種類や部位によって形が異なるので、種や属を決めることができる。メダケ属（ネザサ節）は温暖な気候、ササ属は寒冷な気候の指標とされ、墨古沢遺跡ではⅨ層上半（環状ブロック群が属する層）からササ属の比率が多くなっていることから寒冷化していった様相がうかがえる。

〔蛍光X線分析法〕　岩石にX線を照射すると、その岩石を構成する成分それぞれが原子固有のX線（これを蛍光X線という）を発生する。この値は岩石の産地ごとに比率が異なっており、遺跡から出土した石器の分析値と石材原産地から採取したサンプルの分析値とを比較することにより石器石材の産地を特定することができる。黒曜石や安山岩などの火山岩に有効であるほか、非破壊での測定が行えるため、様々な文化財資料等の原材料特定に普及している。

第4章　範囲確認調査と自然科学分析の成果

**当時の古環境の推定** 自然科学分析としてローム層中のプラント・オパール（植物珪酸体）分析および出土炭化材の樹種同定を実施した。

プラント・オパール分析（コラム6）では、環状ブロック群の出土層位であるⅨa層において寒冷の指標であるササ属が温暖の指標であるメダケ属（ネザサ節）よりも割合が高い結果が出ており（図43）、Ⅹ層からⅥ・Ⅶ層へ徐々に寒冷化が進行している傾向がうかがえる。

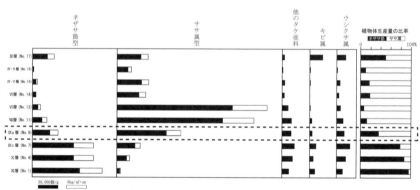

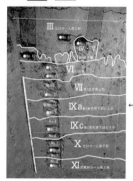

メダケ属（ネザサ節）　　アズマネザサなど　→温暖の指標
ササ属　　　　　　　　　ミヤコザサなど　　→寒冷の指標

※点線枠は墨古沢遺跡が含まれる層位の分析値

**図43** プラント・オパール（植物珪酸体）分析結果

出土炭化材樹種同定では範囲確認調査によりサンプリングとして取り上げた76点について実施した（表4）。年代測定の結果ともあわせると、トウヒ属や現在では中部高地の一部でしか見られないヒメバラモミ、マツ科などの亜寒帯性針葉樹のほか、サクラ属、ニレ属、オニグルミ？などの冷温帯性落葉広葉樹も見られる結果となった。

　またこれら分析の結果を合わせながら、周辺の旧石器時代の花粉分析事例の比較検討から当時の古環境の推定を試みた。

　その結果、環状ブロック群形成期の遺跡周辺には今よりも寒冷で針広混交林（図44・針葉樹と落葉広葉樹が入り混じった、現在の北海道や長野県の高原に見られる植生。しかし当時は氷期のため現在よりも乾燥しており雪は少なかった）が広がっていたものと考えられ、こののち訪れる最終氷期後半の最寒冷期（LGM・約2万8千

**図44**　針広混交林（長野県軽井沢）

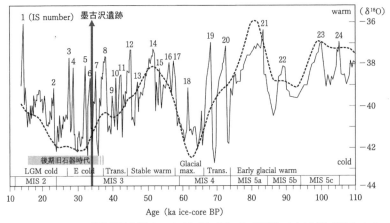

※酸素同位体変動はGISP2にもとづく。点線では、気候変動の大まかな傾向が示されている。左下には、日本列島の後期旧石器時代のおおよその年代的範囲をバーで示した。

**図45** ステージ5～2の気候変動図

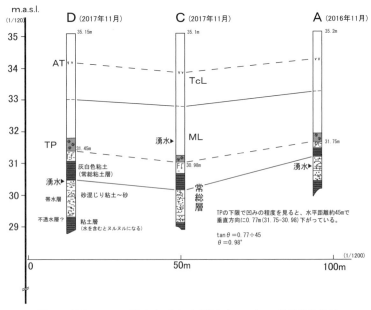

**図46** 環状ブロック群中心（C）と外側（A・D）の地層堆積状況

72 ──────────────── 第Ⅱ部　遺跡のあゆみ

年～2万4千年前頃）に向かって、小刻みな寒暖の変動を繰り返しながら寒冷化していく環境過程の中で残されたことが推定された（図45）。

**遺跡の立地**　墨古沢遺跡では酒々井パーキングエリア拡張工事の緊急発掘調査時から環状ブロック群の中央部が凹んでいる（凹地地

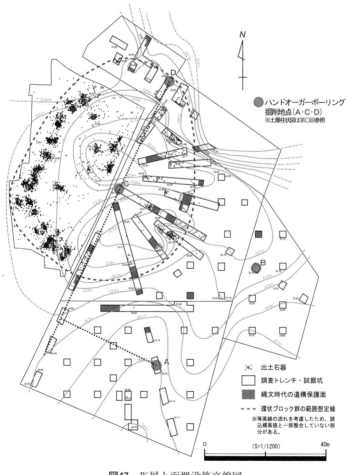

**図47**　Ⅸ層上面埋没等高線図

形）との見解が土層断面などの検討からなされていたが、調査区や調査方法に制約があったため確証を得るにはいたっていない状況であった。

そこで範囲確認調査では、これを確認すべくハンドオーガーボーリングによる遺跡の立地する台地の基盤土層調査（図46）、調査時の土層レベリングによるⅨ層上面埋没等高線の作成を行い（図47）、これにより環状ブロック群中央が確かに凹んでいることを確認することができた。

凹地形成の要因については、台地が形成された時からの由来である可能性が指摘され（コラム７、図48）、これによりこのような凹地を選んで環状ブロック群が形成された可能性が判明した。

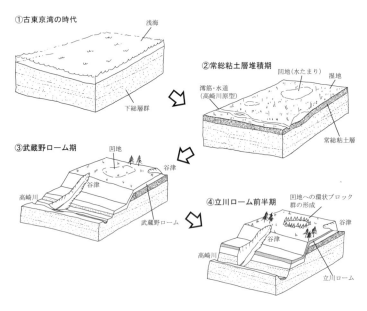

**図48** 凹地地形の形成過程模式図

**コラム7：下総台地の地形のなりたち**

「人類の時代」とも呼ばれる第四紀（約258万年前〜現在）は氷河時代とも呼ばれ、厳しい寒さの氷期と比較的温暖な間氷期が繰り返し訪れた時代であり（現在は間氷期にあたる）、下総台地の形成にはこの氷期-間氷期変動（海進・海退）や激しい地殻変動（関東造盆地運動）、富士・箱根を給源とする火山灰の降下によるところが大きく、複雑な変化をとげながら現在の下総台地へと移り変わっていく。

下総台地は、今から約45万〜11万年前（中期更新世〜後期更新世）の頃、古東京湾と呼ばれる大きな浅海の入り江下に没していた時間が長く、このことは下総台地の基盤層である下総層群の厚い砂層や貝化石層でその様子がうかがえ、約13〜11万年前の下末吉海進の時には下総台地上に大きく海が広がっていた（図49 A）。

その後の後期更新世に訪れる最終氷期の海退（約11万年前〜）により、陸地化した台地上には富士山や箱根を給源とする火山灰が降り積もり、下から下末吉ローム層（下総台地付近では古東京湾の名残で湿地状であったため水成堆積となり常総粘土層を形成）、赤土と呼ばれる武蔵野ローム層・立川ローム層の関東ローム層を形成する。これらの火山灰層をのせた台地は、地盤の上昇・火山灰層の堆積や河川の侵食にともない、樹枝状の谷津地形や段丘地形を形成し、現在の地形の基が出来上がったといえる。

約2万8千年〜2万4千年前頃には最終氷期最寒冷期（LGM）を迎

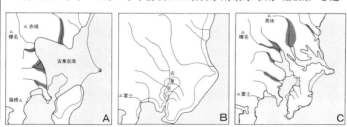

■は当時の沖積平野、△は活動した火山

**図49** 地形変遷図

え、この時期には海水面が現在よりも約120m も低下したものとされている（図49 B）。

　約1万5千年前頃、最終氷期末期の晩氷期に起こった気候の温暖化にともない海水面も次第に上昇し始め、後氷期が始まる1万1,700年前頃から温暖化による海水面上昇がさらに加速する。約7千年前（縄文時代前期）には海進の最盛期を迎え、この頃に谷津に流れ込んだ海水により形成されたのが、現在水田として利用されている低地層（沖積層）である（図49 C）。しかしこの海進も長くは続かず、おおよそ6千年前以降にまた海退が始まって谷津に浅谷が形成され、そして約2千年前頃には現在見られるような台地と谷津・低地部からなる下総台地の姿が誕生する。


　**石器石材の産地推定―人の移動範囲の推定**　旧石器時代人は獲物を求めて移動する生活を行っていたが、その移動には石器石材の原産地露頭・河原などでの採取も計画的に組み込まれていたと考えられており、これにより石器石材の産地を調べることで、当時の人々の移動（行動）範囲を推定することが可能である。そこで墨古沢遺跡でも蛍光X線分析（コラム6）などにより石器石材の産地推定を実施した。

　**ガラス質黒色安山岩**　出土石材の約7割を占めるガラス質黒色安山岩の産地は、当時の人々の動きの中心を推定する手がかりともなるため、本遺跡の解釈をさらに深めるものとして非常に重要であると考え、その原産地・入手地の解明を一つの課題として実験的に試みることとした。

　しかしながらこの石材は埋没後に表面に進行する風化が著しく、

肉眼による分別や理化学的分析を非常に困難にしている。そのため原産地の推定にあたっては、プレパラート作成による顕微鏡観察や黒曜石の事例のように蛍光Ｘ線分析装置を用いた原産地採取試料との比較による方法が進められてきたが（図50）、しかしこれまでの研究史の中でも見られるようにそれぞれの方法には一長一短があり、露頭や河川等採取地の解明が徐々に進む中においても、黒曜石とは異なって原産地推定分析が行われる事例も少なく、また分析方

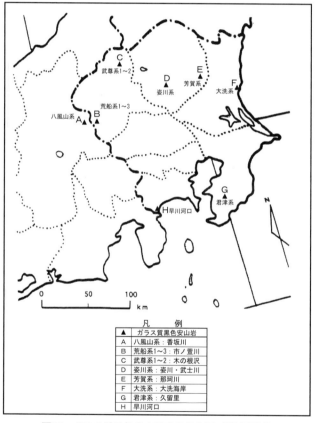

**図50** ガラス質黒色安山岩産地分布図（関東周辺）

法もいまだ試行錯誤の状態であるというのが現状である。

そこで墨古沢遺跡では栃木県内遺跡出土のガラス質黒色安山岩を武子川・姿川産のものと比較・分析し同産であることの推定を行っている森嶋秀一の分析を参考とした。分析には風化の影響を除くため、調査時に石器につけられた傷、いわゆる"ガジリ部"（図51）に蛍光X線をあてて分析を行うものであった。分析にあたっては森嶋と上記分析を実施した第四紀地質研究所の井上巌に依頼した。

しかしここから深い森に迷い込んでしまう。詳細な経過と結果は範囲確認調査の『総括報告書』を参照していただきたいが、概要を順にまとめていくと、

①第1回蛍光X線分析（ガジリ部XRF法）

　対象：各ブロックより選んだ64点

　結果：4つのグループに分かれたが、いずれも原産地標準領域に

**図51**　石器に見られるガジリ部：矢印（8K-81 0023剥片）

重ならず、原産地は特定できず。

　→X線があたる面積が大きい（ガジリ部からはみだし、風化の影響を受けているか）。

　→電子顕微鏡を用いてX線をピンポイントであてるEDS法を行うこととした。

②第2回蛍光X線分析（ガジリ部電子顕微鏡EDS法）　25点

　対象：XRF法で分析した64点の中から4つのグループを考慮して選択した25点をEDS法で分析。

　結果：4つのグループが1つにまとまったが、いずれも原産地標準領域に重ならず、やはり原産地特定できず。

　→表面の風化が深くまで及んでおり、ガジリ部のみでは風化の影響が排除できない可能性が考えられた。

③第3回蛍光X線分析（切断面XRF法）　12点

　対象：調査指導委員会で検討の結果、墨古沢遺跡におけるガラス質黒色安山岩の原産地推定の重要性を鑑み、やむを得ず非破壊をあきらめ、①のXRF法で分析した64点の中から12点を選択して切断。大きくフレッシュな面でXRF法による分析を実施。これは標準図に示される原産地グループの測定結果領域が、採取試料を機械切断してそのフレッシュな面での測定を行っているため、出土遺物の切断面で計測すればより確実な分析値が得られると考えたことによる。

　結果：群馬県武尊系の領域にまとまる傾向となったが、分別図$SiO_2$-$Al_2O_3$、分別図Sr-Rbでは武尊系-1の領域に、分別図$Fe_2O_3$-$TiO_2$は武尊系-2の領域にまとまる結果となり、まだ疑問が残る結果となる。

④プレパラート分析

対象：10点。第３回の蛍光Ｘ線分析で結果が得られた群馬県武
尊山産ということであれば、群馬県の津島秀章・岩崎泰一が武
尊山産の AT 下位のガラス質黒色安山岩については、岩石組
織に特徴が見られるためプレパラート分析を行えば特定が行え
る可能性があるとの研究成果がある。そこで調査指導委員会で
の検討の結果、すでに試料の切断を行っていること、蛍光Ｘ
線分析において武尊系-1・2に分かれた問題の解消やより武
尊山産の確度を持たせるためのクロスチェックの意味も込め、
切断を行った12点の中から10点の岩石薄片プレパラートを作
成、分析は津島秀章に依頼した。

結果：10点中５点は群馬県武尊山産。残り５点は不明としながら
も、武尊山産に非常に類似しているとのこと（これまで津島が
分析してきた中で、見られていなかったタイプであるが、荒船
山、八風山、武子川・姿川、大洗産のいずれとも類似せず、
最も近いのが武尊山産ということから）。

→10点すべてが武尊山産由来の可能性。ただし、墨古沢遺跡で
用いられているものは円礫であり、露頭ではなく利根川河川流
域で採取された可能性が高い。それがどこかまでかはわからな
いが、現在ガラス質黒色安山岩が利根川で河川採取できるのは
前橋市あたりまで。その上流域での採取であろうか。

以上の分析経過・結果を経て、墨古沢遺跡出土のガラス質黒色安
山岩はプレパラート分析の結果・確率から見ても、そのほとんどが
群馬県武尊山産のものである可能性が高まった。

**黒曜石** ガラス状で加工しやすく、割れ口が鋭い縁辺を呈するこ

とから後期旧石器時代においても石器に多用されてきた石材である。ガラス状で風化が少なく、原産地も限定されることから（図52）、蛍光Ｘ線分析の対象として多くの原産地分析が行われ、その移動についてさまざまに論じられてきた石材である。

墨古沢遺跡では25点のみ出土し（全体の0.63％）、そのうち原産地分析が行えたものは21点であった。分析結果は図53、表５に示すとおりであるが、栃木県高原山産、長野県和田・諏訪産、伊豆諸島神津島（こうづしま）産と広範囲にわたる。特に神津島産黒曜石は世界最古の往復

**図52** 黒曜石産地分布図（東日本）

航海を示す証拠として世界的にも注目されるところである。

また図54からもうかがえるように、黒曜石が環状ブロック内の特定の場所でまとまって出土している状況から、特別な所有・消費形態をもつ管理的な石材であったと推定されよう。

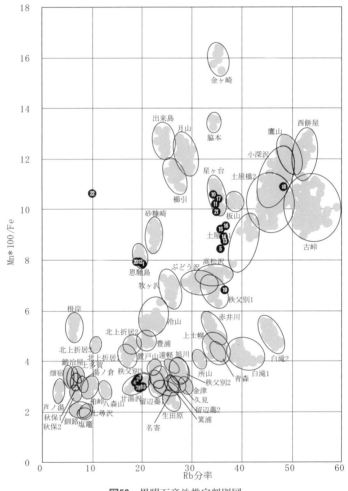

**図53** 黒曜石産地推定判別図

表5 ブロック別黒曜石産地

| ブロック | 高原山 | 和田 | 諏訪 | 神津島 | 不明1 | 不明 | 計 |
|---|---|---|---|---|---|---|---|
| 09 | | | | 1 | | | 1 |
| 14 | 1 | | | | | | 1 |
| 16 | 4 | | | | 1 | | 5 |
| 17 | 2 | | | | | | 2 |
| 41 | | | 1 | | | | 1 |
| 44 | | | 1 | 2 | 2 | | 5 |
| 47 | | 1 | 1 | | 2 | | 4 |
| 49 | | | | | | 1 | 1 |
| ブロック外 | | | 1 | | | | 1 |
| 計 | 7 | 1 | 4 | 3 | 5 | 1 | 21 |

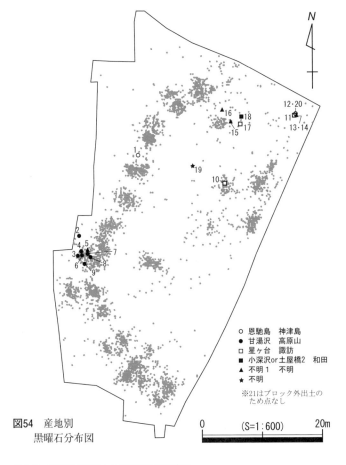

図54 産地別黒曜石分布図

その他の石材（玉髄、トロトロ石、流紋岩、珪質頁岩など）においても、原産地分析は行えなかったが、各地採取石材の類例などとの比較により栃木・茨城県産の北関東の石材と思われるものが認められ、これにより墨古沢遺跡を中心とする当時の人々の行動範囲や移動ルートを推定することができた。これについては第5章でさらに詳しく触れることとしたい。

　**ローム層の分析**　下総台地は相模野台地・武蔵野台地に比べ立川ローム層の堆積が薄くまた黒色帯等の色調の変化も乏しい。現在下総台地の立川ローム層の分層に関しては、武蔵野台地の分層を基準とした千葉県文化財センターの分層基準に基づき行われており、墨古沢遺跡の分層もこの基準で行われている。しかしながら特に酒々井町を含む下総台地中央部から東部にかけては、さらに立川ローム層の色調変化はほとんど見られず、その分層に関しては土質やわずかな色調変化、テフラ・スコリア等含有物により、いわば担当者による感覚によるところが大であるといわざるを得ず、若干の個人差が生じている部分も見られた（口絵6頁下）。

　そこで今回、地層区分が正確であるかどうか確かめるため、環状ブロック群出土層位（Ⅸa層）を中心とした立川ローム層中のテフラ（火山灰）・含有鉱物量の分析を行い（図55）、その結果と県内において第2黒色帯が明確に暗く見える地域（特に東葛地域）での鉱物組成分析結果や武蔵野台地での鉱物組成分析結果との比較から、墨古沢遺跡の分層および石器群の出土層位が妥当であるかどうか検証を試みた。

　その結果、本遺跡調査時の地層区分、特に環状ブロック群が検出されたⅨa層を中心とした分層が間違いのないものであることが確

認され、立川ロームIX層中部〜上部段階の環状ブロック群であることが確定した。これにより県内及び関東地方他地域の同じ地層から出土した石器群と同時期のものとして比較検討を行うことができるようになった。また年代測定（AMS法）結果と合わせ、層位と年代値が結びついた一つの貴重な例証（立川ローム層IX層上部＝約3万4千年前）を提示することができた。

### (3) 石器群の全体像を推定

本遺跡は1999・2000（平成11・12）年度の（財）千葉県文化財センター実施による酒々井パーキングエリア拡張工事にともなう緊急発掘調査により環状ブロック群が発見された。環状ブロック群の約4割の調査というものであったが、その整理作業を通して報告書内

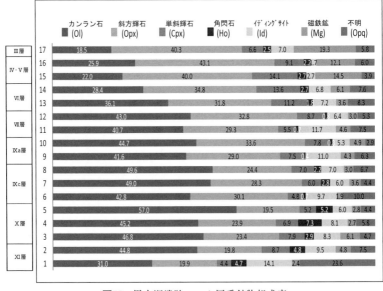

**図55** 墨古沢遺跡ローム層重鉱物組成表

で詳細な分析が行われている。その内容は墨古沢遺跡の環状ブロック群の形成過程に言及する内容の濃いものであった。

そして2015（平成27）年度から始まる酒々井町実施の範囲確認調査では放射状に配置したトレンチによる部分的な調査ではありながら、その内容を再確認・補強し、年代測定や樹種同定、石材産地推定などの自然科学分析等を加えた新しい事実も含めて石器群の全体像に迫る詳細な成果が得られ、遺跡の本質的価値をまとめ上げることができた。これが本書冒頭の第1章で示した10の特筆点である。

この成果は千葉県内のみにとどまらず、1946年の岩宿遺跡の発見から始まる全国的に見た旧石器時代史、環状ブロック群研究史において重要な位置付けがなされたというべきであり、「旧石器ねつ造事件」から歩みの遅くなっていた旧石器遺跡の史跡指定、整備・活用に向けた取り組みが動き始める一助となったことは非常に誇りに感じる部分でもある。

# 第5章 なぜ環状ブロック群はつくられたのか

## (1) なぜ環状のムラを？

　後期旧石器時代のような狩猟採集社会では大きな集団でいることは生死のリスク（危険度）が高いということができる。大きな集団であればより多くの食料が必要であり、もし何かのきっかけ（例えば気候の変化等）で十分な量の食料が手に入らなければ、その集団は飢えて死に絶えてしまう危険性もある。あるいは他の集団との獲物の奪い合いによる争いも起こりえたかもしれない。しかし移動生活を送る狩猟採集社会では、常に必要な時に必要な量が手に入っていたとは限らず、これらは後期旧石器時代の時代背景として多分に起こりえる危機的事態ともいえる。

　ではなぜ、何を目的として環状ブロック群（環状集落）はつくられたのだろうか。リスクを背負ってまで大きな集団として集まるきっかけは何なのであろうか。

　これまでに環状ブロック群の詳細分析や研究史の中で諸説が示されてきたことはいうまでもないが、改めて主要な説についてその概要を紹介させていただきたい（各説の詳細は先学諸兄たちの各論考を参照していただきたい）。

　①**大型獣狩猟説**　環状ブロック群より局部磨製石斧が多く出土し、両者が深い関係を有していることは第2章でふれさせてもらった。それらが大型獣の解体に用いられていた道具であったことと関連付

け、環状ブロック群は大型獣の集団狩猟を行うために参集した結果とするうえで、中央の広場については獲物の解体や分配を行った共有空間であったとする説。

②**石器交換説**　環状ブロック群内における石材の種類の多さ、遠隔地の稀少な石材も見られることや環状ブロック群内において広範囲にわたる接合資料が多く見られる点から、各地への移動により手に入れた石材の交換・共有を行うため、あるいは完成した石器の交換を行うために参集したと結果とする説。

③**祭祀場説**　環状ブロック群のムラの形態が、縄文時代に見られる環状集落と類似することから、縄文時代環状集落と同様に中央部において祭祀を行っていたとする説。

しかし縄文時代の環状集落は、環状ブロック群とは異なり一時期一度に短期間に作られたものではなく、連綿と建替えを行いながら生活を行った結果に形成された点が、大きく異なる部分であり注意を要する。

④**外部警戒説**　中央部に集められた食糧・物資などを外敵から守るために、住居で取り囲むようにムラがつくられたとする説。他の説に比べ、視点が外に向いているところが特徴。

⑤**紐帯確認説**　後期旧石器時代前半期の「遊動」・「離合集散」社会において、集団としてのまとまり（「紐帯」）を意識し、定期的に集まって確認を行うため環状のムラがつくられたとする説。

⑥**折衷説**　上記各説が重なるさまざまな理由を要因とする説。

しかしながら、環状ブロック群の検出数も増え、自然科学的分析も進み、よりミクロな視点からの分析が進んでいる現在においても〝定説はいまだない〟のが現状である。環状ブロック群と深いつな

がりを有していると思われる石斧の用途の解明も大きなヒントの一つとなるかもしれないが、さらなる使用痕分析例の増加と研究の進展を待たざるをえない。

現代人でもハイキングに行って、皆で広場に座って昼食を取ろうとするときには自然と円座になることが多い。円く集まるのは、人が日本列島に住み始めたときから、長い歴史のうちに刷り込まれた、コミュニケーション手段の一つなのだろうか。はたまた人の本能なのだろうか。

### (2) 墨古沢遺跡から考える

ここでは発掘調査や分析結果から導き出された成果を加味して、墨古沢遺跡から環状ブロック群の形成要因について考えてみたいと思う。

**移動ルート**　当時の下総台地の人々は獲物を追いながら、そして石器石材を求めながらの移動生活を行っていたわけであるが、適当に放浪していたわけではなく、効率的なルートを選んでいたと考えられている。

ではいったいどのようなルートを移動していたのであろうか。それを考えるにあたり注目されているのが「下野─北総回廊」である（口絵5頁）。

下総台地北部から栃木県北部の鬼怒川上流部まで大きな河川を渡ることなく移動することができる細長い平坦な台地が南北70 kmにおよび続いており、これを下野─北総回廊と呼んでいる。この回廊は、生物学の分野で動物の移動や植物の拡散ルートを考える中で注目されていたものであるが、後期旧石器時代においても多くの動植

物の移動経路となっていたと考えられ、この動植物を求めた旧石器時代人たちも数万年にわたり南北の往還を繰り返していたと考えられる。

またこの回廊の北部地域には石器に適した良質の石材、黒曜石・ガラス質黒色安山岩・珪質頁岩・流紋岩・玉髄などが分布し、墨古沢遺跡でもこれら石材の一部が利用されていることからも、当時においても、この下野―北総回廊を移動していた集団もいたことが推察される。

それでは墨古沢遺跡の人々は、下野―北総回廊だけを移動していたのだろうか。そうではないようだ。

ガラス質黒色安山岩は群馬県武尊山産のものであり、さらに西方の和田峠産・諏訪産の信州黒曜石も見られていることからも、下野―北総回廊から大宮台地へ分岐して群馬県の赤城山・榛名山の南麓を通り、現在の碓氷峠を抜けて信州へ抜けるルートが考えられる。

また久慈川産の玉髄（メノウ含む）・トロトロ石の存在からも、回廊北部から茨城県北部へ抜けるルートも使っていたと考えられよう。

墨古沢遺跡ではその証拠は得られていないが、回廊の南から分水嶺を通り、銚子方面や上総丘陵の礫層（万田野・長浜層）や嶺岡産珪質頁岩（白滝頁岩）の石材産地（鴨川市）へ抜けるルートも存在していたことと思われる。

そしてさらにその範囲にはとどまっておらず、高原山方面から白河を通り、郡山・福島地方や会津地方、それらを抜けてさらに先の東北地方（東北頁岩の産地）へつながるルート、群馬県武尊山方面から三国峠・清水峠を抜けて湯沢-魚沼-小千谷-長岡-新潟方面へ

つながるルート、信州和田峠から野尻湖・妙高高原を抜けて上越地方につながるルートが存在していたと想像される（口絵5頁）。

**環状ブロック群が多く見られる地域**　さて、これらルートを示した地図に環状ブロック群が多く検出されている地域、墨古沢遺跡を含む印旛沼周辺、赤城山南麓・鏑川流域、野尻湖周辺の位置を重ねてみると、それらは主要移動ルートが分岐する地点や峠などを抜ける要所上に位置していることが示されてくる（口絵5頁）。つまりそこは特に多くの人々が行き交う場所であったということができる。

これからも多くの環状ブロック群の検出事例や移動ルートの検討を重ねていかなければならないが、このような視点から新たな環状ブロック群や集中域の発見や移動ルート解明、新たな石材産地の発見などが進んでくるのかもしれない。墨古沢遺跡でも神津島産の黒曜石が出土しているが、残念ながらいまだその搬入ルート等は判然としていない。今後、このような課題も解決されてくることも考えられる。

**墨古沢遺跡が作られた理由**　これまでの墨古沢遺跡の調査・研究成果や移動ルート等の結果から考え合わせると、墨古沢遺跡が作られた理由は、広域を移動していた人々が交通の要所において、多くの人・モノが集まった結果残されたものと推察でき、つまりそれは、「ヒト・モノ・情報の交換の場」、つまりヒトの交換（婚姻）、モノの交換（石器・石材）、情報の交換（獲物・環境変化など）を行うためと思われる。しかも第3章（図31）で触れたが、墨古沢遺跡周辺は多くの湧水＝水が豊富な地域でもある。水のあるところは狩猟対象の動物が集まるところであり、そして人も生きるには水が必要ということもあり、このことからも墨古沢遺跡周辺は人々が集まる

第5章　なぜ環状ブロック群はつくられたのか

条件を兼ね備えた場所であるということができる。先ほど環状ブロック群が集中する地域として赤城山南麓、野尻湖周辺等を見たが、これらも水が豊かな地域であることは共通している。

アフリカ・カラハリ高原のサン族・クン集団（狩猟・採集民）の民俗調査例では、乾期には水場の多くが枯渇するので人々や動物は特定の水場に集まるが、雨期になると各地域へと分散移動するという事例も見られている。環状ブロック群が作られた時期も雨が少なくなる冬季を中心とした時期ということができようか。

凹地を選地した理由については、住みやすさや機能面的な部分については未だ検証が進んでいないが、凹地をランドマーク（目印）として集まってきたのではないかと考える意見もある。当時においても遠方に見える筑波山の位置を確認しながら、印旛沼、高崎川を頼りにこの凹地にたどり着いたのであろうか（図56）。やはり今後の類例の増加を待たなければならないであろう。

**図56** 酒々井町から見た筑波山（印旛沼眺望名勝地「下がり松」より）

# 第6章 整備・活用に向けた挑戦

## (1) さまざまな問題点

**出張授業にて** 酒々井町では毎年、1時間半ほどではあるが、町内の小学6年生に対し、実際に町内から出土した土器や石器を用いて地域の歴史を知ってもらう特別授業を実施している(この授業は現在でも形を変えて継続している)。その中で墨古沢遺跡の古さを知ってもらうアイテムとして巻物年表を使っていた(図57)。千年を10cmとした等尺年表であるが、生徒たちがよく知っている項目を時代が新しい順、酒々井町の誕生(1889[明治22]年)や同じ町内にある国史跡・本佐倉城(約5百年前)、国史跡・栄町龍角寺岩屋古墳(約1千4百年前)、特別史跡・千葉市加曽利貝塚(約5千年前)の年代を示しても年表の最初の右端で終わってしまう。そこから墨古沢遺跡の年代、約3万4千年前までは約4mの年表を広げて黒板からはみ出さないと示せない。生徒たちは驚きと感心の中にその年代の古さを実感することができる。巻物年表はいまや後期旧石器時代や墨古沢遺跡の年代の古さを体感してもらう鉄板アイテムになって

**図57** 地元小学校での出張授業

いる。

　墨古沢遺跡では2019（令和元）年10月16日の国史跡指定以降、約2年をかけて『保存活用計画』（2021［令和3］年3月刊行）を、続けて約1年半をかけて『整備基本計画』（2022［令和4］年8月刊行）の作成を行った。その策定を進めていく中で、墨古沢遺跡つまり後期旧石器時代の遺跡を整備・活用していくための大きな2枚の壁にぶつかり、その課題を解決するために多くの議論と試行錯誤を繰り返した。「保存活用計画策定委員」、その後の「整備活用委員」、そして関係者の皆様には辛抱強くお付き合いいただいた。しかしこの課題は、今後の後期旧石器時代史跡の整備を考えていく中で必ず避けては通れない課題でもあると思う。その取り組み事例の一つとして記録にとどめておきたいという意図もあり、以後詳細を記していきたい。

　**国民に認知されていない時代!?**　1つ目が後期旧石器時代という時代が、一般の方々にはほとんど知られていないということである。名称さえも聞いたことがない、名称は聞いたことがあるが、詳しい内容、年代感や内容についてはほとんど知られていないという事実である（図58）。知られていてもコラム1（第1章参照）でも示した「旧石器ねつ造事件」という負の情報である。縄文時代以降のダ

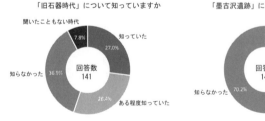

**図58**　アンケート集計結果

イナミックで華やかな時代に比べて実際の認知度は低く、現在とは異なる自然環境（氷河期）や生活スタイル（移動生活による狩猟・採集）がより想像しづらくさせているものと考えられる。そういった中で"興味を持ってもらう""わかりやすく"を目指して行っているのが、第2章冒頭で示した「進化カレンダー」（図3）の話や本章冒頭で示した「巻物年表」である。実際公民館等の講座などで、一般の方々に墨古沢遺跡の紹介の話をすると、はじまりの15分くらいは後期旧石器時代の概説、つまり氷河期・気候・動物・植物・移動生活などの時代背景の話になる。この時代背景を理解していただかないと墨古沢遺跡や環状ブロック群の本当のすごさを理解することは難しいが、しかし15分間の授業のような難しい概説の話はあきてしまうのもわかるような気がする。

　このような認知度の低い後期旧石器時代の遺跡、その中でも特殊な環状ブロック群というものをいかに一般の人々に興味付けを行い、わかりやすく整備・活用を行っていくか、その方法・考え方の議論については『保存活用計画』『整備基本計画』策定の中でかなりの時間をかけさせてもらった。そしてその中で示されたのが、表6に掲げるキャッチフレーズと整備に向けてのコンセプトである。

**わからないことが多すぎる!?**　2つ目は、第1章でも紹介したが、日本の後期旧石器時代の遺跡では酸性土壌であるため、木や骨・皮を主とする有機質の遺物は溶けてなくなってしまい、また住居など

**表6　整備の基本的な考え方**

| 整備の大綱におけるキャッチフレーズ |
|---|
| **旧石器に急接近！　国史跡・墨古沢遺跡で時空を超える!!** |
| 整備に向けてのコンセプト |
| 環状ブロック群を知る、体験する、考える |
| ◇史跡の本質的価値（普遍的価値・副次的価値）を伝える整備 |
| ◇調査・研究成果に基づく整備 |
| ◇見学者が当時を自由に思い描き、さまざまな手法で補完させながら、想像・体験できる整備 |
| ◇史跡で遊べる整備 |

の遺構も明確ではなく、出土する石器や出土状況（石器ブロック）を中心に組み立てていかなければならないため、当時の人やモノ、その生活や動きに係わる具体像についてわからない部分が多すぎることである。例えば縄文時代では、住居については竪穴住居や柱穴配置、焼失家屋などから検出される部材や屋根材などからその構造が、貝塚や低湿地遺跡から出土する食物残滓から当時の食生活が、土偶から当時の服飾や刺青などのファッションが……などなど、当時を具体的に検討するための要素が、遺物・遺構としてたくさん見られるのである。

しかし後期旧石器時代においては先に見たとおりであり、自然科学分析の成果や民俗事例の援用なども行って考えていくが、それでも確実かつ明確な情報を得ることはできず、限定的・断片的な資料と根拠を積み上げながら、想像をたくましく、しかし見学者に誤解を与えてはいけない、そのような具体化に向けての検討を進めて行かなければならない。

### (2)　見えないものをどのように見せるか

このような状況下においても墨古沢遺跡においては、本遺跡のメインである環状集落について、集落の大きさを示すためにただ範囲を示すだけではなく、やはり一般の人たちがわかりやすく、環状に住居がめぐる当時の集落がイメージできる立体的な表現・整備が望ましいと考え、何とかしてそれを実現すべくさまざまな検討を行った。まさしく「見えないものをどのように見せるか」である。

では具体的にどのように環状集落を表現する検討作業を行っていったのか『整備基本計画』策定作業の中で行った経過をまとめて

みたい。

①住居の位置　1番の問題がここである。発掘調査により検出された、a.ブロックの上に住居を復元するのか、b.ブロック円の外側に復元するのか、c.ブロック円の内側に復元するのかである。aの場合は石器づくりが住居の中で行われた結果に残されたもの、bの場合は住居の前で石器作りが行われた結果に残されたものと考えられる。cの場合はブロックを、石器の作りカスを集落外に集めて捨てた廃棄の結果に残されたものとしてとらえられる。しかしこの問題は石器ブロック形成過程の本質に迫る問題であり、そしてまだ解決していない問題でもある。おそらくこの問題を深く掘り下げることは整備において非常に大切な問題でもあるが、非常に長い検討期間を要する問題でもあろう。

そこで墨古沢遺跡では、(1) 古くは1958年に発掘調査が実施された新潟県神山遺跡（図59）例等で、石器の分布状態から当時の住居の問題が提起されているように、またその後の東京都野川遺跡・神

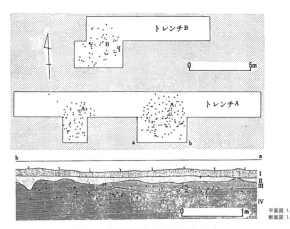

**図59**　新潟県神山遺跡遺物分布図

第6章　整備・活用に向けた挑戦

奈川県月見野遺跡群をはじめとする大規模発掘による成果や埼玉県砂川遺跡の研究成果にも見られるように、研究史的に見ても、石器ブロック＝生活の痕跡＝住居の痕跡を示しているという考え方が主流として進められている点、(2) これまで注目されてきた神奈川県田名向原遺跡（図60）・同小保戸遺跡（図61）・群馬県小暮東新山遺跡（図62）のような掘り込みや柱穴、あるいは環状に分布する礫群（テント覆い屋根の裾を押さえていたと考えられる石列）をともなう後期旧石器時代住居跡例においても、住居の内部に石器ブロックが存在する（石器作りが行われている）点、そして(3) 墨古沢遺跡の環状ブロック群は各ブロックが帯状・円形に明確にまとまっ

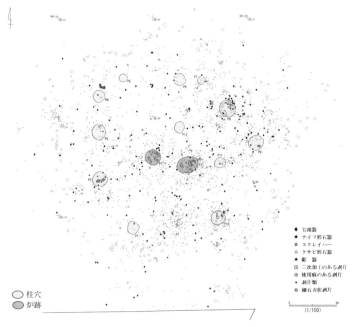

**図60** 神奈川県田名向原遺跡後期旧石器時代住居状遺構

ており、ブロック＝住居と表現すると、一般の見学者はその配置から住居が円形に立ち並ぶ環状集落の姿を直結・イメージさせやすく、混乱なく理解しやすい、という３つの理由から、ブロック上への住居配置を行うこととした。

　もちろんａ～ｃに関する住居位置の復元については、ブロック上も一つの例であり、さまざまな考え方もあっていろいろな想定ができることは現地案内板やガイダンス等で説明・紹介を行っていきたいと考えている。

　**②住居の形態**　当時の人々は狩猟・採集活動を行いながら短い時間幅で移動生活を行っていたと考えられ、また墨古沢遺跡では柱穴

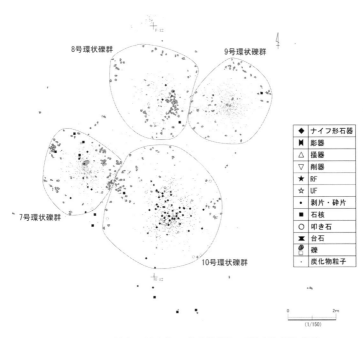

**図61**　神奈川県小保戸遺跡後期旧石器時代環状礫群

や掘り込みも見られないことから、周囲の木の枝や草、動物の毛皮などを用いた最も簡易な形の円錐テント形態の住居が想定される。

このような円錐テントは民俗例から、北アメリカ大平原地帯の遊牧民インディアンが用いた「ティピー」(図63) またはロシア極北地方に暮らす伝統的トナカイ遊牧を営むロシア先住民族(例えばネネツ人)が用いた「チューム」(図64) を参考とした(口絵2頁下)。同様な民俗例で、ロシア極東北部でトナカイ狩猟を営んでいたチュクチ人などが用いていた「ヤランガ」タイプ(図65)のものも想定はできるが、より骨材を複雑に組み合わせなければならないため頻繁な移動に適さない点、ある程度の掘り込みのある柱穴が必要と思われ、地面への何らかの痕跡が残される可能性が高いと考えられる点から除外した(図66)。

③**住居の範囲** 墨古沢遺跡では柱穴や竪穴状の掘り込みもなく、石器ブロック(石器の分布)が唯一の検証対象となるため、住居の範囲(大きさ)については、酒々井パーキングエリアの発掘調査で検出された石器ブロックの範囲から検討した。しかし石器ブロックの出土範囲は霜や風雨な

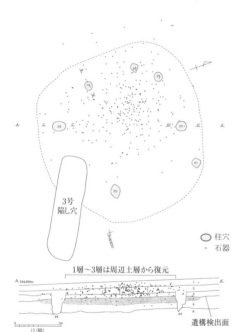

**図62** 群馬県小暮東新山遺跡後期旧石器時代住居状遺構

どの自然的移動やブロック上の人の歩行などの人為的移動により、当時のそのままの位置（原位置）を保っていないことは諸研究から明らかである。つまり検出された石器分布範囲・ブロック範囲をすべて住居の範囲として囲うことは実態にそぐわないように思われる。

そこで墨古沢遺跡では、酒々井パーキングエリアの調査成果である石器分布図から、石器の集中部・ブロック分け・接合関係を考慮し、住居（円）の範囲を円形のテンプレートを用いて機械的に設定して直径を想定した。その結果が図67であり、径＝3.3ｍ〜4.8ｍ、

図63 ティピー（グレートベイスンのショショニ族・1870年頃）

図64 チューム（ロシア極北のネネツ人・2012年撮影）

図65 ヤランガ（ロシア極東のチュクチ人・1913年頃）

図66 ドイツ・ゲナスドルフ遺跡大形住居址のヤランガを参考とした復元例

平均径＝4.14mとなった。

　この径は、地理的には離れるものの国内で唯一後期旧石器時代前半期のものと思われる住居跡が検出された広島県西ガガラ遺跡の規模と近似しており（表7、図68）、この数値がある程度妥当なものであると判断できようか。

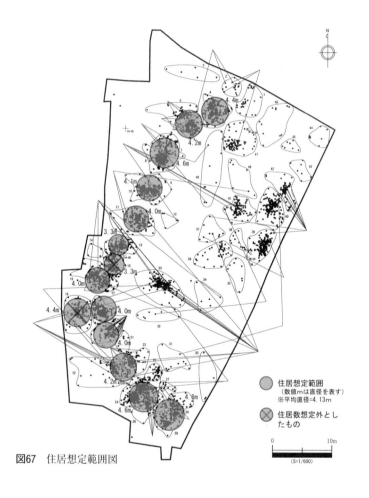

**図67**　住居想定範囲図

表7　広島県西ガガラ遺跡後期旧石器時代住居跡一覧表

| 遺構名 | 時期 | 平面形態 | 断面形態 | 規模 長軸×短軸 | 規模 深さ | 柱穴の有無 | 炉の有無 | 遺物分布 |
|---|---|---|---|---|---|---|---|---|
| 1号住居跡 | ナ前葉 | 楕円形 | 平坦 | 3.5×2.9 | 0 | 9〜10 | 無 | 内部1点、北側に5B |
| 2号住居跡 | ナ前葉 | 楕円形 | 平坦 | 3.4×? | 0 | 5 | 無 | 内部なし、北側に5B |
| 3号住居跡 | ナ前葉 | 楕円形 | 平坦 | 4.0×3.2 | 0 | 10 | 無 | 5B北側と重複 |
| 4号住居跡 | ナ前葉 | 楕円形 | 平坦 | 4.2×3.4 | 0 | 10 | 無 | 内部2点、南側に5B |
| 5号住居跡 | ナ前葉 | 楕円形 | 平坦 | 4.3×3.5 | 0 | 10 | 無 | 内部6点、東側に3・4B |
| 6号住居跡 | ナ前葉 | 楕円形 | 平坦 | 4.5×3.6 | 0 | 10 | 無 | 内部5点、東側に3・4B |

ナ前葉＝ナイフ期前葉（AT火山灰降下以前）、B＝石器ブロックを表す。長軸・短軸はm、深さはcm。

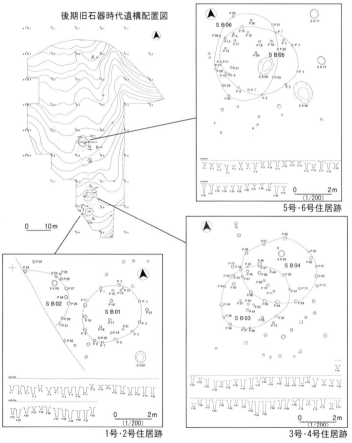

図68　広島県西ガガラ遺跡後期旧石器時代住居跡

第6章　整備・活用に向けた挑戦

④**住居の構造**　民俗例などから、骨組みについては細い木の枝や幹を上部で円錐状に組む構造とした。高さについてはアメリカ・インディアンのティピーテントが現在でも復元・販売が行われており、その直径と高さの仕様を参考とした。その仕様では、直径に対する高さの比率はおおよそ断面正三角形の値になる（図69）。テントの覆い幕については、寒冷な気候であることと当時の入手可能な材料として毛皮（獣皮）を用いたものと想定した。

⑤**住居入口の向き**　こちらもやはり、民俗調査例での環状集落の記載に入口が内側を向く例が見られるため、内核部にむけて開口する内向きとした。

⑥**住居の数**　住居数は、酒々井パーキングエリア調査区上では、ブロック範囲（住居想定範囲）を14としたが（図67）、西端部ではブロックが2カ所密集する部分が見られ、住居を構えるには密接しすぎていると思われたため、ブロックの重複もしくは建て替えとみなして住居数想定外とし（図67内×印）、現段階では12軒を想定することとした。

⑦**環状集落整備の方法**　実際の整備においては、立体的表現を考える住居の全てをリアルに復元することはコスト的・維持管理的に無理があるので、そこで想定するガイダンスの2階テラス位置から「旧石器の森」の植栽を背景に見られる環状集落南西部に復元住居を配することとし、その他は骨組みでの住居表示を行い、立体的表現を行わないブロックについては石器を現地に

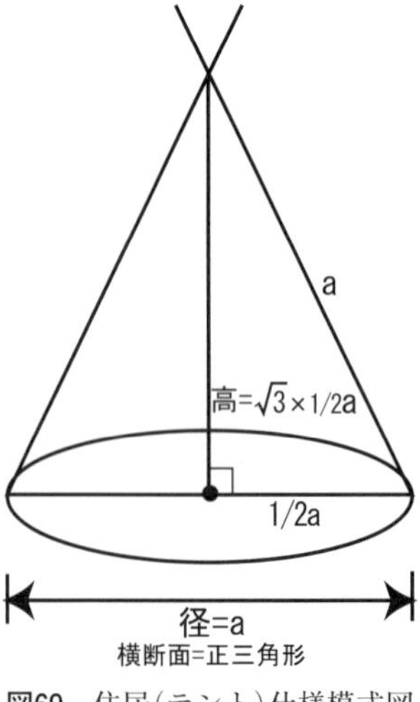

高$=\sqrt{3}×1/2a$

$1/2a$

$a$

径$=a$
横断面=正三角形

**図69**　住居（テント）仕様模式図

点(鋲)で示す方法をとることとした。併せて本遺跡の調査時に用いた放射状トレンチ・検出遺構の平面表示や凹地地形の表現、人形による生活風景の表現等も行うこととし、AR・VR等を用いての集落景観や発掘調査時の遺物出土状況をイメージさせる手法も検討することとなった。

以上の環状集落表現のための仕様をまとめた上で、具体的にどの位置で(表6：調査・研究成果に基づく整備を前提に)、どのようなイメージ・全体像にまとまるのか、そして「史跡墨古沢遺跡整備活用委員会」委員同士の意見とイメージの共有を図るため、1/100簡易模型を作成し、実際に住居等を並べながら検討する作業を委員会の中で行った(図70、71)。これは環状集落がどのように見えるのか、また現在想定してい

図70　委員会での簡易模型検討作業

図71　検討作業で用いた復元・骨組み住居模型

図72　簡易模型による環状集落表示イメージ案

る展望デッキやガイダンス２階テラスも作成し、目線をそこに合わせてそこからどのような景観として見えるのかを想定しながらでもあったため、非常に有意義な作業となった。その中で、調査で検出されているブロック全てに配置を行うと修景的にうるさくなるため、また見学者の想像をかき立てる演出も考慮し（表６：見学者が当時を自由に思い描き、さまざまな手法で補完させながら、想像・体験できる整備を前提に）、環状に見える必要最低限の復元住居・骨組み住居の数を配置することとした。

このような経過をへて、図72の簡易模型にみられるように、環状集落の整備の方向性が整うこととなった。しかし今後、材質や具体的な造形表現、ガイダンスとのリンクなど、まだ基本設計・実施設計を通してつめて行かなければならない部分も多く、長い道のりが今後も続いていくと考えられる。


⑶　**整備計画にむけて**

**保存・整備・活用に向けた考え方**　今後進められていく墨古沢遺跡の保存については、ただ「遺跡を後世に残す」というテーマ以外にも、研究や活用など数少ない「人々の生活が想像できる」旧石器時代の遺跡として、無限の可能性が秘められていると考えられ、その重要性・価値は全国的に見ても非常に注目度の高いものであるといえる。

本書の冒頭（第１章参照）でも触れたが、旧石器時代の遺跡については遺構がほとんどなく、内容確認のため遺物（石器）を取り上げると、その行為により遺跡自体が消滅してしまうという点に他の時代と比べ遺跡保護が進まない大きな理由があり、さらに2000年の

前期旧石器ねつ造事件（第1章コラム1）により旧石器時代研究は様々な重い課題を背負ってしまった。

　しかしその後の研究レベル、自然科学分析との連携研究の向上が評価されはじめ、現在では旧石器時代遺跡の保護・活用に向けた取り組みや史跡指定事例も確実に増えつつある。また本遺跡は考古学のみならず、今後の地域史の学習や学校教育においても果たす役割は大きいものであり、保護されるべき遺跡の一つであることは間違いないものである。

　墨古沢遺跡では日本最大級ともなる環状ブロック群の6割強が現存し、今もローム中に深く良好な状態で保存されていることが今回の発掘調査で確認することができた。"地中深く"ということから遺跡の保存という観点からは申し分のない保存条件であり、今後遺跡が直接破壊される危険性は非常に少ないものと考えられる。だからといって遺跡上を虫食い状に開発されて一体性が失われてしまい「遺跡が保存されているだけ」の状態で良いというわけではない。遺跡は適切に保存され、そして整備・活用してこそ本来の価値を社会へ伝達することができ、還元できるものと思われる。特に後期旧石器時代という一般になじみのない遺跡では必要な手段であると考えられ、その意味でも国史跡指定がかなった意味は大きい。

　日本遺産や地域計画をはじめとする昨今の文化財を取り巻く流れの中、文化財は地域の資源の一つとして観光資源ともなりえるものであり、周辺施設との連携による観光人口の取り込みは重要な要素であるといえる。それにはこれまでにない違った観点からの展示方法、AR等を駆使した新しい技術での表現方法、当時の生活や技術を体で感じる体験学習など新たな視点での取り組みが必要になって

くると思われる。先にもふれたが墨古沢遺跡の環状ブロック群は数少ない「人々の生活が想像できる」後期旧石器時代の遺跡である。酒々井パーキングエリア拡張の緊急発掘調査により一部失われてしまってはいるが、環状ブロック群の本質を表現・理解するためにはすでに失われてしまっている部分（酒々井パーキングエリア部分）を含めた、全体を見渡せる整備が必要になってくると思われる。このためにも酒々井パーキングエリア部分の活用や連携・一体的整備は不可欠なものと考えられ、また環状ブロック群隣接地等の積極的活用も行いながら、これにより後期旧石器時代遺跡の新たな整備・活用の方向性を示す一つのモデル的整備ができることを目標としたい。

**基本目標**　墨古沢遺跡では、『保存活用計画』における基本方針を踏まえ、『整備基本計画』によって実現しようとする基本目標を次のように定めた。

- 史跡の普遍的価値である環状ブロック群を確実に保存する。
- 史跡の普遍的価値である環状ブロック群を顕在化させ、地域の旧石器時代の歴史を学び体験できるようにする。
- 環状ブロック群の調査・研究を進め、旧石器文化を情報発信できる場とする。
- 史跡と周辺環境を調和させ、ともに活用・防災の連携を図りながら未来に継承できるようにする。
- 文化的な観光の拠点として、町内外からの来訪者の交流を促進する場とする。
- 史跡を地域の誇りとし、これを守り伝える地域活動を促進継承する。

そして、各要素を具体的にまとめて行く整備・活用に向けての基本的考え方は、先に示した表6のコンセプトに基づくとおりである。

　**全体整備計画**　これまで述べてきたように、墨古沢遺跡の史跡の本質的価値を活かした整備の実現（特に環状集落の全体の表現と手法）を目指すには、遺構本体の整備についてはもちろん、下記3項目を加味した全体整備計画の精査が必要とされる。

　①環状集落範囲の中央に敷設されている町道の付け替え

　②隣接する酒々井パーキングエリアとの連結・協力

　③酒々井パーキングエリアと墨スポーツ広場との防災支援連携

　（酒々井パーキングエリアは首都有事の際の災害支援拠点となるパーキングエリアに指定されており、隣接する墨スポーツ広場はヘリポート・物資集積所としての役割を担うため、協定が結ばれている。）

　これらを実現させていくためには、本整備においては「高速道路利便施設の連結制度」を活用して進めていくことが必須となる。これは高速道路を活用した多様な事業の推進を目的に、民間事業者等が設置する休憩所、給油所、商業施設、レクリエーション施設等（利便施設）と高速道路とを直接結ぶことを可能とした制度である。しかし同制度では連結施設との交通の混乱を避けるため、酒々井パーキングエリアの駐車場とは別に、史跡の利用者に対して、高速道路の安全かつ円滑な交通に支障を及ぼすことのないよう、駐車需要に見合った規模の専用駐車場（以下、PA利用者駐車場）を確保することが基本となっている。

　環状集落本体とこれらPA利用者駐車場、町道の付け替えを含む

第6章　整備・活用に向けた挑戦　　　　　　　　　　　　　　　　109

全体レイアウトについては、PA利用者駐車場のスロープが町道の下をトンネルにして接続する案や町道を史跡範囲北側の埋立地内を通す案など、さまざま検討を行ったが、法規制やコスト・物理的理由など実現性を考慮し、最終的に町道は環状集落の西側に付け替え、西南側で屈曲させて環状集落の南側を通り、既存の県道交差点へ十字路としてつなげるルートとし、PA利用者駐車場とはスロープで接続する現平面計画図案で進める方針を定めた（口絵8頁上）。

また「③防災支援連携」を行うため、PA利用者駐車場に災害時緊急ゲートを設け、緊急大型車両が通行できる通路や展開できる駐車場を隣接して配置した。当初県道からの視認性を考慮して、県道側にガイダンスを配置するレイアウトを検討したが、この防災支援連携及び敷地面積の不足、ガイダンスから環状集落への動線が付け替え町道を横断する等の安全性が懸念され、ガイダンスを事業地東側に配置することとなった（口絵8頁上）。

しかしながら、現町道ルート案に対しても「高速道路利便施設の連結制度」上での課題が指摘された。PA利用者駐車場（＝酒々井パーキングエリア）と史跡本体整備地（環状集落・ガイダンス等）とが町道で分断された形となり、当初予定していた横断歩道だけでは平面的な接続となるため連結にはあたらないという法令解釈上の問題であった。

そこで、酒々井パーキングエリアと史跡本体整備地へのスムーズで安全かつ機能的な連結・連絡を行い、かつ法令的にも条件を充たす必要な施設として、歩道橋による立体交差での接続を東日本高速道路株式会社と協議・検討した。連結・連絡場所は、史跡範囲内に橋脚基礎がかからない南東側の場所を候補地とした（検討過程で

は、歩道橋の建設との費用バランスや今後の維持管理費等も課題とされた)。この歩道橋は先の連結制度によるほか、この場が環状集落が円形に展開する姿の全景を長軸方向から、かつ高視点で見渡せる最適地であり、環状集落の北側に存在する現清掃工場埋立地内の谷津地形を背景とした当時の景観を想像でき、周辺景観資源の活用をも行える場所でもあることに重点を置き、歩道橋に展望機能を合わせ持たせた。

そしてこの展望機能を持つ歩道橋(展望デッキ)を見学動線の主ルートとして位置付け、また当時の植生を背景にした環状集落南西側の復元住居など、より具体的な個別の居住空間の表現を遠望することに最適なガイダンス屋上施設とも接続させる構造として、両視点場を史跡の課題及び見学者の動機づけ・動線・利便性に資する導入のための一つの目玉として位置付けることとした。

この配置をベースにその他の整備・施設配置・景観を検討し、全体レイアウトを確定するにいたった(口絵8頁上)。

**史跡周辺の活用**　計画ではこの他にも各種便益施設の整備のほか、さらに周辺の湧水点や谷津地形を活かした活用も進めて行く予定である。現在においては史跡周辺には後期旧石器時代を彷彿させるものはないが、史跡がこの地に営まれた手掛かりを想像しうる周辺の

**図73**　清掃工場埋立地内の景観

湧水点や谷津地形は残されている。特に隣接する清掃工場埋立地は、もっとも史跡と密接な関係にあった谷津、つまり当時の湧水に狩猟対象動物が集まってきた谷津を埋め立てているが、これも遺跡が所在する地の人間活動の痕跡であり、土地利用の変化、人とともに歩んできた景観の変遷など史跡及びその周辺の人類活動を物語る重要な価値である。

その価値を活かすためにもぜひ埋立地の景観を取り込んだ工夫を凝らした整備が行われるべきである。「昔からのゴミ捨て場〜後期旧石器時代の遺跡も石器製作後のゴミ捨て場〜」をテーマに現在との接点・共通点を探る見せ方を検討し、史跡の価値を高めるためフタを閉めるのではなくあえて遺跡から少し見せる、かつて広がっていた原風景を想像させる"透視窓"の設置も整備活用委員会の意見として挙げられている（図73）。

周辺の湧水点や谷津地形を巡るルートを含め、史跡整備地のみならず史跡地周辺を含めた全体で、見学者が墨古沢遺跡や環状ブロック群を「知る、体験する、考える」を楽しんでもらうことを目標としたい。


⑷　普及・啓発事業

最後に墨古沢遺跡で行っている普及・啓発活動について紹介したい。

近年ではパンフレットの作成・展示会・講演会・シンポジウム等の成果もあり（図74）、墨古沢遺跡の周知度は上がってきているものの、墨古沢遺跡・旧石器時代・環状ブロック群に関する理解度は、内容が難解なこともありまだ十分とはいえる状態ではない。

今後も普及・啓発活動ではこれまでと同様にパンフレットの配布、町HPによる周知、2017（平成29）年度に2007（平成19）年度から始まる展示をリニューアルした酒々井コミュニティプラザでの

国史跡指定記念講演会
青少年おもてなしカレッジ生の歓迎あいさつ

国史跡指定1周年記念シンポジウム
「34,000年前、墨古沢は日本の中心であった」

国史跡指定記念横断幕（JR酒々井駅自由通路）

史跡現地案内板

**図74　普及・啓発事業**

**図75　酒々井コミュニティプラザリニューアル展示（2017）**

常設展示（図75）を継続し、まだ十分に行えているとはいい難い学校活動との連携（図57、表8）や生涯学習活動との連携（表9）を通し、郷土を学び地域の宝を守り継承していく郷土愛の醸成を図っていきたい。それには幅広い年齢層の一般の方々への遺跡・時代の理解を目的とした講演会、講座、シンポジウムなどの開催を史跡関係者等と協力して継続していくことが必要であり、より参加者が理解しやすく、印象を深めるものとして映像を用いたものや体験型の講座なども今後必要であると考えている。

⑸　おわりに

　これまで長々と述べてきたように、酒々井町は以上のような比類のない価値を持つ墨古沢遺跡を将来にわたって万全に保存し、広く活用していくことを決断した。整備事業はまだ始まったばかりで足元がおぼつかない状態であることも確かである。解決しなければならない課題もたくさん残されている。しかし墨古沢遺跡が、そして本史跡整備事業が、わが国の歴史の第一章を語るうえで欠かすことのできない遺跡として、未来の国民全体に広く知られ、誇りを持って語られる存在となることを確信している。

　本遺跡が、そのための1ページを開き、3万4千年前からわが町に伝わるかけがえのないこの財産を、将来の世代に送り届ける役割を果たすことができれば幸甚である。

**表8　学校活動との連携**

| 年度 | 区分 | 日付 | 内容・説明 | 場所 | 成果・数量・備考 | 実施主体 |
|---|---|---|---|---|---|---|
| 2016 | 出張授業 | 2016.5.10 | 大室台小学校6年生出張授業「地域学習 酒々井のむかし」 | 大室台小学校 | 参加者：約100名 | 大室台小学校 |
| 2017 | 体験発掘 | 2017.11.27 | 小学生（6年生）体験発掘 | 墨古沢遺跡 | 参加者：11名 | 酒々井町教育委員会 |
| 2019（平成31） | 講義 | 2019.9.15 | 青少年おもてなしカレッジ講義※1「「墨古沢遺跡」ってどんな遺跡？」酒井弘志 | 酒々井町中央公民館 | 参加者：11名 | 酒々井町教育委員会 |
| 2019 | 児童協力 | 2019.11.16 | 青少年おもてなしカレッジによる国史跡指定記念講演会開催協力 受付・ハーブティー配布・歓迎挨拶 | 酒々井町中央公民館 | 参加者：8名 | 酒々井町教育委員会 |
| 2020 | 出張授業 | 2020.7.21 | 酒々井小学校6年生酒々井学プログラム学習※2「地域学習 酒々井のむかし」 | 本佐倉城跡調査事務所 | 参加者：約30名 | 酒々井町教育委員会 |
| 2021 | 出張授業 | 2021.6.16 | 酒々井小学校6年生酒々井学プログラム学習※2「地域学習 酒々井のむかし」 | 本佐倉城跡調査事務所 | 参加者：約30名 | 酒々井町教育委員会 |
| 2021 | 図書刊行 | 2022.3.31 | 小学3・4年生副読本「わたしたちの酒々井町 新訂」墨古沢遺跡紹介の追加 | － | 600部 | 酒々井町教育委員会 |

註：2022年度以降も酒々井学の一環として酒々井小学校における町出土の遺物を用いた地域学習（町の歴史）を継続実施。
※1 青少年おもてなしカレッジ：日本のおもてなしの心や酒々井町の歴史・観光・自然などについての学習や体験活動を通して、酒々井町の良さを学び、その素晴らしさをおもてなしの精神で町内外へ伝えていける青少年を育成する。
※2 酒々井学：酒々井町の地域素材を使って、教科書等の学習内容と関連づけて作成した学習プログラムを通して実践するふるさと学習（地域学習・地域活動）。

**表9　生涯学習との連携**

| 年度 | 区分 | 日付 | 内容・説明 | 場所 | 成果・数量・備考 | 実施主体 |
|---|---|---|---|---|---|---|
| 2007〜2017 | 展示 | 2007.6.1〜 | 「墨古沢南Ⅰ遺跡」出土遺物展示開始 町民に向け、遺跡のある墨古区に所在する酒々井コミュニティプラザにおいて、貴重な旧石器時代の環状ブロック群・出土資料を紹介 | 酒々井コミュニテイプラザ | 墨古沢遺跡の普及事業開始 | 酒々井町教育委員会 |
| 2015 | 展示 | 2015.8.3〜 | ミニ企画展「酒々井には人類最古のムラがある—旧石器時代の酒々井町—」 範囲確認調査開始に先駆け、墨古沢遺跡と酒々井町の旧石器時代を紹介する展示会 | 酒々井町中央公民館 | － | 酒々井町教育委員会 |
| | 講座 | 2015.8.23 | 郷土史講座(郷土研究会)「墨古沢南Ⅰ遺跡の環状ブロック群を考える」酒井弘志 | 酒々井町中央公民館 | 参加者：48名 | 酒々井町郷土研究会 |
| | 体験発掘 | 2015.11.27 | 体験発掘（郷土研究会） | 墨古沢南Ⅰ遺跡 | 参加者：4名 | 酒々井町郷土研究会 |
| | 現地説明会 | 2015.12.12 | 発掘調査現地説明会 | 墨古沢遺跡 | 参加者：59名 | 酒々井町教育委員会 |
| | 講座 | 2016.7.13 | しすいカレッジクラブ講座（公民館講座）「墨古沢南Ⅰ遺跡保存整備事業—日本最大級・旧石器時代環状ブロック群の保存と活用—」酒井弘志 | 酒々井町中央公民館 | 参加者：20名 | しすいカレッジクラブ |
| | 展示 | 2016.3.15〜 | 2015年度発掘調査成果速報展 | 酒々井町中央公民館 | － | 酒々井町教育委員会 |
| 2016 | 展示 | 2017.3.13〜 | 2016年度発掘調査成果速報展 | 酒々井町中央公民館 | － | 酒々井町教育委員会 |
| | 講座 | 2017.8.20 | 郷土史講座(郷土研究会)「日本最大級環状ブロック群・墨古沢南Ⅰ遺跡を考える」村井大海 | 酒々井町中央公民館 | 参加者：63名 | 酒々井町郷土研究会 |
| 2017 | 展示 | 2017.9.11〜現在も継続 | 墨古沢南Ⅰ遺跡展示替え・常設展開始 | 酒々井コミュニティプラザ | － | 酒々井町教育委員会 |
| | 現地説明会 | 2017.12.16 | 発掘調査現地説明会 | 墨古沢遺跡 | 参加者：58名 | 酒々井町教育委員会 |
| | パンフレット | 2018.3.15 | 墨古沢南Ⅰ遺跡パンフレット作成 1,000部 | － | 1,000部補助事業 | 酒々井町教育委員会 |
| 2018 | ホームページ | 2018.6.20〜現在も継続 | 町ホームページに墨古沢遺跡特設ページを開設 https://www.town.shisui.chiba.jp/docs/2018032200037/ | 酒々井町HP | － | 酒々井町教育委員会 |
| | パンフレット | 2019.3.20 | 墨古沢遺跡パンフレット改訂・増刷 | － | 10,000部 | 酒々井町教育委員会 |
| 2019 | 図書刊行 | 2019.3.25 | 『墨古沢遺跡総括報告書』刊行 | － | 300部 | 酒々井町教育委員会 酒井・村井編2019 |
| | 図書刊行 | 2019.9.15 | 『墨古沢遺跡総括報告書』増刷・販売開始 | － | 100部 | 酒々井町教育委員会 |

| 年度 | 区分 | 日付 | 内容・説明 | 場所 | 成果・数量・備考 | 実施主体 |
|---|---|---|---|---|---|---|
| 2019 | PR | 2019.11.13〜現在も継続 | 国史跡指定記念横断幕の設置（3カ所）（横5.4 m×縦0.9 m） | 酒々井町中央公民館 JR酒々井駅 京成酒々井駅 | 各1枚 | 酒々井町教育委員会 |
| | 講演会 | 2019.11.16 | 国史跡指定記念講演会「墨古沢遺跡の環状集落を語る」佐藤宏之（東京大学） | 酒々井町中央公民館 | 参加者：197名 | 酒々井町教育委員会 |
| | PR | 2020.3.27 | クリアファイルの作成 | － | 2,000部 無償配布 | 酒々井町教育委員会 |
| 2020 | シンポジウム | 2020.12.5 | 国史跡指定1周年記念シンポジウム「34,000年前、墨古沢は日本の中心だった」◆基調報告「列島の環状ブロック群の分布とその特徴」村井大海（長野県埋蔵文化財センター）「下総台地の環状ブロック群：最新の研究成果から」新田浩三（千葉県教育振興財団文化財センター）「墨古沢遺跡の年代と自然環境」工藤雄一郎（学習院女子大学）◆基調講演「34,000年前、墨古沢は日本の中心であった」佐藤宏之（東京大学）◆討論・質疑応答 | プリミエール酒々井 | 参加者：132名 一部補助事業 | 酒々井町教育委員会 酒々井町教育委員会 2020、2023 |
| | 講座 | 2020.12.17 | しすい青樹堂合同講座(公民館講座)「墨古沢遺跡の調査報告 —環状ブロック群の国史跡にむけての取り組みと成果—」酒井弘志 | 酒々井町中央公民館 | 参加者：25名 | 酒々井町教育委員会 |
| | 解説板 | 2021.3.9 | 現地解説看板の設置（横900×縦600×高1800） | 墨古沢遺跡 | 1基 補助事業 | 酒々井町教育委員会 |
| 2021 | 講演会 | 2021.10.23 | 第1回ミニ講演会「国内最古の建物跡!? —国指定史跡田名向原遺跡の景観と暮らし—」中川真人(相模原市教育委員会) | 酒々井町中央公民館 | 参加者：38名 | 酒々井町教育委員会 |
| | 講演会 | 2021.12.19 | 第2回ミニ講演会「見えないものをどう見せるか —墨古沢遺跡の活用を考える—」八馬智（千葉工業大学） | 酒々井町中央公民館 | 参加者：44名 | 酒々井町教育委員会 |
| 2022 | 講演会 | 2022.10.22 | 第3回ミニ講演会「『文化財×観光』これからの文化財の活用を考える」猪野義信（千葉県教育委員会） | 酒々井町中央公民館 | 参加者：25名 | 酒々井町教育委員会 |
| | 講演会 | 2022.12.17 | 第4回ミニ講演会「東京都小平市・国史跡鈴木遺跡の調査成果と保存活用」小川望（小平市） | 酒々井町中央公民館 | 参加者：25名 | 酒々井町教育委員会 |

註：2023年度には、第5回ミニ講演会（講師：東京都立大学　岩瀬彬）、体験ワークショップ（千葉工業大学と連携したテント状住居構築体験）、2024年度には、国史跡指定5周年記念講演会（講師：東京大学　森先一貴）、体験ワークショップ（前同内容）を実施。

# 環状ブロック群集成表／分布図

千葉県内　環状ブロック群集成表
千葉県外　環状ブロック群集成表
環状ブロック群類型別集計表
千葉県環状ブロック群分布図
全国環状ブロック群分布図

## 千葉県内　環状ブロック群集成

| 遺跡No. | ブロック群No. | 遺跡名・地点 | 所在地(市町村) | 円環部推定径東西(m) | 円環部推定径南北(m) | ブロック数 | 出土石器数 | 出土石器数 | 遺存率(%) | 類型 |
|---|---|---|---|---|---|---|---|---|---|---|
| 1 | 1 | 墨古沢遺跡 | 印旛郡酒々井町 | 60 | 70 | 61 | | 4386 | 60 | A I |
| 2 | 2 | 中山新田 I 遺跡No.2 地点 | 柏市 | 16 | 8 | 5 | | 72 | 0 | D IV |
| | 3 | 中山新田 I 遺跡No.3 地点 | 柏市 | 14 | 16 | 5 | | 182 | 0 | D IV |
| | 4 | 中山新田 I 遺跡No.9 地点 | 柏市 | 30 | 25 | 15 | | 453 | 0 | B IV |
| 3 | 5 | 聖人塚遺跡 | 柏市 | 18 | 16 | 6 | | 263 | 0 | D IV |
| 4 | 6 | 大松遺跡 | 柏市 | 40 | 54 | 20 | | 2393 | 0 | A I |
| 5 | 7 | 原山遺跡第 II a 文化層 | 柏市 | 38 | 22 | 15 | | 456 | 0 | B IV |
| 6 | 8 | 小山台遺跡 | 柏市 | 40 | 49 | 15 | | 1672 | 0 | B II |
| 7 | 9 | 農協前遺跡 | 柏市 | 27 | 23 | 12 | | 907 | 0 | C III |
| 8 | 10 | 翁原遺跡 | 柏市 | − | − | − | | − | − | − |
| 9 | 11 | 屋敷内遺跡 | 柏市 | 15 | 20 | 4 | | | 0 | D III |
| 10 | 12 | 下矢切東台遺跡第 4 ～ 8 ブロック | 松戸市 | (58) | (58) | 5 | | 34 | 不明 | − |
| 11 | 13 | 市野谷芋久保遺跡 | 流山市 | 29 | 31 | 19 | | 1668 | 0 | B II |
| 12 | 14 | 思井上ノ内遺跡 L 56 ブロック | 流山市 | (22) | (22) | 6 | | 147 | 不明 | − |
| 13 | 15 | 五本松No.3 遺跡 | 鎌ケ谷市 | 18 | 27 | 9 | | 720 | 0 | C III |
| 14 | 16 | 林跡遺跡第 8 ～ 11 ブロック | 鎌ケ谷市 | 9 | 13 | 4 | | 127 | 0 | D IV |
| 15 | 17 | 泉北側第 3 遺跡 | 印西市 | 46 | 68 | 38 | | 1474 | 0 | A II |

120　　　　　　　　　　　　　　　　　　環状ブロック群集成表／分布図

| 台形様石器 | ナイフ形石器 | 斧形石器・調整剥片 | 彫刻刀形石器 | 掻器 | 削器 | 石錐 | 石刃 | 備　考・文　献 |
|---|---|---|---|---|---|---|---|---|
| | | | | | | | | 主要石器 |
| ○ | ○ | ○ | ○ | | ○ | ○ | | 新田浩三2005『東関東自動車道水戸線酒々井PA埋蔵文化財調査報告書1―酒々井町墨古沢南Ⅰ遺跡―旧石器時代編』千葉県文化財センター調査報告第504集<br>酒井弘志・村井大海編2019『墨古沢遺跡総括報告書―下総台地に現存する日本最大級の旧石器時代環状ブロック群―』酒々井町 |
| | | ○ | ○ | | ○ | | | |
| | | | | | | | ○ | 田村隆他1986『常磐自動車道埋蔵文化財調査報告書Ⅳ―元割・聖人塚・中山新田Ⅰ―』千葉県文化財センター調査報告第112集 |
| | | ○ | ○ | | ○ | | | |
| | ○ | | | | | | ○ | 落合章雄2008『柏北部東地区埋蔵文化財発掘調査報告書1―柏市大松遺跡―旧石器時代編』千葉県教育振興財団調査報告第589集 |
| | ○ | | | | | | ○ | 新田浩三2009『柏北部中央地区埋蔵文化財調査報告書2―柏市原山遺跡―旧石器時代編』千葉県教育振興財団調査報告第631集 |
| | ○ | | | | | | ○ | 新田浩三2017『柏北部東地区埋蔵文化財発掘調査報告書10―柏市小山台遺跡―旧石器時代編』千葉県教育振興財団調査報告第763集 |
| | ○ | | | | | | ○ | 島立桂2011『柏北部中央地区埋蔵文化財調査報告書3―柏市農協前遺跡―旧石器時代編』千葉県教育振興財団調査報告第657集 |
| | | | | | | | | 詳細不明<br>小笠原永隆2016「千葉県」『日本考古学年報67（2014年度版）』日本考古学協会 |
| ○ | ○ | | | | | | | 東側が開口するC字状形。<br>落合章雄2021『柏北部中央地区埋蔵文化財調査報告書8―柏市屋敷内遺跡―』千葉県教育委員会埋蔵文化財調査報告第36集 |
| ○ | ○ | | | | | | | 南側の一部を検出。推定径約58m。<br>落合章雄他2009『東京外かく環状道路埋蔵文化財調査報告書1―松戸市上矢切南台遺跡・下矢切東台遺跡―』千葉県教育振興財団調査報告第627集 |
| ○ | ○ | ○ | | | ○ | | | 新田浩三他2015『流山新市街地区埋蔵文化財調査報告書7―流山市市野谷芋久保遺跡・市野谷中島遺跡（上層）・市野谷向山遺跡（上層）・市野谷辻遺跡・大久保遺跡（上層）・西初石五丁目遺跡・東初石六丁目遺跡（上層）・十太夫第Ⅰ遺跡・十太夫第Ⅲ遺跡』千葉県教育振興財団調査報告第735集 |
| | ○ | | | | ○ | | | 南西側の一部を検出。推定直径約22m。<br>島立桂他2016『流山運動公園周辺地区埋蔵文化財調査報告書3―流山市思井上ノ内遺跡―』千葉県教育委員会埋蔵文化財調査報告第11集 |
| ○ | ○ | | | | ○ | | ○ | 矢本節朗他2003『新鎌ヶ谷地区埋蔵文化財調査報告書Ⅰ―鎌ヶ谷市五本松№3遺跡―』千葉県文化財センター調査報告第457集<br>矢本節朗他2005『新鎌ヶ谷地区埋蔵文化財調査報告書Ⅱ―鎌ヶ谷市五本松№3遺跡2―』千葉県文化財センター調査報告第525集 |
| | ○ | | ○ | | ○ | ○ | | 高橋博文1992『千葉ニュータウン埋蔵文化財調査報告書ⅩⅠ　林跡遺跡』千葉県文化財センター調査報告第205集 |
| ○ | ○ | ○ | | ○ | ○ | | | 山岡磨由子2011『千葉ニュータウン埋蔵文化財調査報告書ⅩⅩⅢ―印西市泉北側第3遺跡（下層）―』千葉県教育振興財団調査報告第650集 |

| 遺跡No. | ブロック群No. | 遺跡名・地点 | 所在地（市町村） | 円環部推定径 東西（m） | 円環部推定径 南北（m） | 出土石器ブロック数 | 出土石器数 | 遺存率（％） | 類型 |
|---|---|---|---|---|---|---|---|---|---|
| 16 | 18 | 松崎Ⅱ遺跡第2・4～6点 | 印西市 | (43) | 43 | 4 | 136 | 60 | － |
| 17 | 19 | 瀧水寺裏遺跡北側環状ブロック群 | 印西市 | 15 | 15 | 6 | 48 | 0 | DⅣ |
| | 20 | 瀧水寺裏遺跡南側環状ブロック群 | 印西市 | 17 | 16 | 11 | 546 | 0 | CⅣ |
| 18 | 21 | 角田台遺跡第9地点 | 印西市 | 65 | 60 | 10 | 1172 | 0 | CⅡ |
| | 22 | 角田台遺跡第11地点 | 印西市 | 20 | 22 | 11 | 927 | 0 | CⅢ |
| 19 | 23 | 芝山遺跡第1ブロック | 八千代市 | 18 | (16) | 5 | 194 | 40 | DⅣ |
| | 24 | 芝山遺跡第2ブロック | 八千代市 | (35) | (35) | 5 | 180 | 50 | － |
| 20 | 25 | ヲサル山遺跡第21ブロック | 八千代市 | 11 | 12 | 3 | 22 | 0 | DⅣ |
| 21 | 26 | 坊山遺跡第5文化層S41～44・60～65 | 八千代市 | 22 | 20 | 10 | 708 | 0 | CⅢ |
| 22 | 27 | 白幡前遺跡第5文化層S21・S23地点 | 八千代市 | (30) | (30) | 3 | 227 | 60 | － |
| 23 | 28 | 西芝山南遺跡Ⅲ区 | 八千代市 | 22 | 27 | 12 | 417 | 0 | CⅣ |
| | 29 | 西芝山南遺跡Ⅳ区 | 八千代市 | 14 | 21 | 10 | 208 | 0 | CⅣ |
| 24 | 30 | 御山遺跡第2ブロック | 四街道市 | 22 | 21 | 11 | 485 | 0 | CⅣ |
| 25 | 31 | 池花南遺跡 | 四街道市 | 30 | 28 | 18 | 740 | 0 | BⅢ |
| 26 | 32 | 小屋ノ内遺跡第1地点 | 四街道市 | 46 | 52 | 11 | 628 | 0 | CⅢ |
| 27 | 33 | 出口・鐘塚遺跡石器集中4 | 四街道市 | 29 | 23 | 10 | 401 | 0 | CⅣ |
| 28 | 34 | 天神峰最上（空港№64）遺跡石器集中04 | 成田市 | 15 | 25 | 10 | 123 | 0 | CⅣ |
| 29 | 35 | 十余三稲荷峰西（空港№68）遺跡石器集中1 | 成田市 | 24 | 24 | 9 | 143 | 0 | CⅣ |
| | 36 | 十余三稲荷峰西（空港№68）遺跡石器集中2 | 成田市 | 16 | 20 | 10 | 199 | 0 | CⅣ |
| 30 | 37 | 東峰御幸畑西（空港№61）遺跡エリア2 | 成田市 | 30 | 26 | 11 | 869 | 0 | CⅢ |
| | 38 | 東峰御幸畑西（空港№61）遺跡エリア3 | 成田市 | 24 | 27 | 8 | 240 | 0 | CⅣ |

| 主要石器 | | | | | | | | 備考・文献 |
|---|---|---|---|---|---|---|---|---|
| 台形様石器 | ナイフ形石器 | 調整剥片 | 斧形石器・彫刻刀形石器 | 掻器 | 削器 | 石錐 | 石刃 | |
| ○ | | ○ | | | ○ | ○ | | 南北で対向する第2及び第4・5・6地点で環状か。推定径約43m。古内茂他2003『松崎地区内陸工業用地造成整備事業埋蔵文化財調査報告書1―印西市松崎II遺跡―』千葉県文化財センター調査報告第445集 |
| ○ | ○ | ○ | | | ○ | | ○ | 酒井弘志他2004『瀧水寺裏遺跡―本埜村道改良工事に伴う埋蔵文化財調査―』印旛郡市文化財センター発掘調査報告書第208集 |
| ○ | ○ | ○ | | | | | ○ | 古内茂2012『千葉ニュータウン埋蔵文化財調査報告書XXVI―印西市角田台遺跡（旧石器・縄文時代編）』千葉県教育振興財団調査報告第685集 |
| | | | | | | | | 北側の約2/3を検出。南北推定径16m。落合章雄1989『八千代市仲ノ台遺跡・芝山遺跡―東葉高速鉄道引込み線および車庫用地内埋蔵文化財調査報告書―』千葉県文化財センター調査報告第176集 |
| | | | | | | | | 西側の約1/2を検出。推定径約35m。参考文献同上。 |
| | | ○ | | | ○ | ○ | | 阪田正一・藤岡孝司1986『八千代市ヲサル山遺跡―萱田地区埋蔵文化財調査報告書III―』千葉県文化財センター調査報告第116集 |
| | | ○ | | | ○ | | | 大野康男1993『八千代市坊山遺跡―萱田地区埋蔵文化財調査報告書VI―』千葉県文化財センター調査報告第226集 |
| | | ○ | | | ○ | ○ | | 北東側約1/3を検出。推定径約30m。大野康男・田村　隆他1991『八千代市白幡前遺跡―萱田地区埋蔵文化財調査報告書V―』千葉県文化財センター調査報告第188集 |
| | ○ | | | | | | ○ | 島立桂他2012『西八千代北部地区埋蔵文化財調査報告書2―八千代市西芝山南遺跡―』千葉県教育振興財団調査報告第693集 |
| | ○ | | | | | | | |
| ○ | | ○ | ○ | | ○ | | | 矢本節朗他1994『四街道市御山遺跡（1）―物井地区埋蔵文化財発掘調査報告書I―』千葉県文化財センター調査報告第242集 |
| ○ | | | ○ | | ○ | | | 渡辺修一1991『四街道市内黒田遺跡群―内黒田特定土地区画整理事業地内埋蔵文化財発掘調査報告書―』千葉県文化財センター調査報告第200集 |
| ○ | | | ○ | | | | | 古内茂他2005『四街道市小屋ノ内遺跡（1）旧石器時代編―物井地区埋蔵文化財発掘調査報告書III―』千葉県文化財センター調査報告第499集 |
| ○ | | | | | ○ | | | 岡田誠造1999『四街道市出口・鐘塚遺跡―物井地区埋蔵文化財発掘調査報告書II―』千葉県文化財センター調査報告第357集 |
| ○ | | | | | ○ | | | 永塚俊司他2001『新東京国際空港埋蔵文化財発掘調査報告書XV―天神峰最上遺跡（空港No.64遺跡）―』千葉県文化財センター調査報告第405集 |
| ○ | ○ | | ○ | | | | | 永塚俊司他2000『新東京国際空港埋蔵文化財発掘調査報告書XII―十余三稲荷峰西遺跡（空港No.68遺跡―）』千葉県文化財センター調査報告第386集 |
| | | | | | | | ○ | 永塚俊司他2003『新東京国際空港埋蔵文化財発掘調査報告書XVIII香山新田新山遺跡（空港No.10遺跡）　十余三稲荷峰西遺跡（空港No.68遺跡）』千葉県文化財センター調査報告第447集 |
| ○ | ○ | ○ | | | ○ | | | 永塚俊司他2000『新東京国際空港埋蔵文化財発掘調査報告書XIII―東峰御幸畑西遺跡（空港No.61遺跡）―』千葉県文化財センター調査報告第385集 |
| ○ | | ○ | | | ○ | | | |

環状ブロック群集成表／分布図

| 遺跡No. | ブロック群No. | 遺跡名・地点 | 所在地（市町村） | 円環部推定径 東西（m） | 南北（m） | 出土石器ブロック数 | 出土石器数 | 遺存率（％） | 類型 |
|---|---|---|---|---|---|---|---|---|---|
| 31 | 39 | 南三里塚宮原第1遺跡第1環状ブロック群 | 成田市 | 48 | 41 | 29 | 632 | 0 | AⅢ |
| | 40 | 南三里塚宮原第1遺跡第2環状ブロック群 | 成田市 | 21 | 22 | 8 | 135 | 0 | CⅣ |
| | 41 | 南三里塚宮原第1遺跡第3環状ブロック群 | 成田市 | 24 | 19 | 11 | 299 | 0 | CⅣ |
| 32 | 42 | 古込（空港№55）遺跡 | 成田市 | 10 | 10 | 5 | 25 | 0 | DⅣ |
| 33 | 43 | 獅子穴Ⅱ遺跡 | 富里市 | 60 | 50 | 13 | 1805 | 0 | BⅡ |
| 34 | 44 | 腰巻遺跡Fブロック | 佐倉市 | 16 | 17 | 6 | 65 | 0 | DⅣ |
| 35 | 45 | 大堀遺跡第1地点 | 佐倉市 | (22) | (22) | 3 | 150 | 不明 | － |
| 36 | 46 | 金沢台遺跡 | 山武郡芝山町 | 20 | 20 | 8 | 306 | 0 | CⅣ |
| 37 | 47 | 四ツ塚遺跡西側環状ブロック群 | 山武市 | 16 | 18 | 8 | 248 | 0 | CⅣ |
| | 48 | 四ツ塚遺跡東側環状ブロック群 | 山武市 | 29 | 36 | 16 | 1381 | 0 | BⅡ |
| 38 | 49 | 八幡神社北（1）遺跡石器集中1・2 | 山武市 | 20 | 25 | 3 | 58 | 30 | DⅣ |
| 39 | 50 | 赤羽根遺跡5 F-08グリッド周辺 | 山武郡松尾町 | 20 | 17 | 13 | 1370 | 0 | BⅡ |
| 40 | 51 | 大道遺跡第1ユニット | 千葉市 | (68) | (68) | 3 | 271 | 70 | － |
| 41 | 52 | 鎌取遺跡第1ブロック群 | 千葉市 | 14 | 20 | 4 | 316 | 0 | DⅣ |
| 42 | 53 | 有吉城跡第28地点 | 千葉市 | (14) | (14) | 3 | 43 | 不明 | － |
| 43 | 54 | 城ノ台遺跡第1地点 | 千葉市 | (34) | (34) | 3 | 232 | 不明 | － |
| 44 | 55 | 押沼大六天遺跡A 5-Aブロック | 市原市 | 43 | 20 | 9 | 715 | 50 | CⅢ |
| | 56 | 押沼大六天遺跡C 3-Aブロック | 市原市 | 42 | 37 | 12 | 1582 | 0 | CⅡ |
| 45 | 57 | 草刈遺跡D区 | 市原市 | 13 | 12 | 5 | 200 | 0 | DⅣ |
| 46 | 58 | 草刈六之台遺跡Jブロック | 市原市 | 9 | 9 | 5 | 90 | 0 | DⅣ |
| | 59 | 草刈六ノ台遺跡Nブロック | 市原市 | 11 | 10 | 4 | 175 | 10 | DⅣ |
| | 60 | 草刈六之台遺跡Eブロック | 市原市 | 14 | 22 | 5 | 704 | 40 | DⅢ |

| 主要石器 | | | | | | | | 備　考・文　献 |
|---|---|---|---|---|---|---|---|---|
| 台形様石器 | ナイフ形石器 | 調整剥片 | 斧形石器・彫刻刀形石器 | 掻器 | 削器 | 石錐 | 石刃 | |
| ○ | ○ | ○ | | | ○ | | ○ | |
| ○ | ○ | | | | | | ○ | 宇井義典他2004『南三里塚宮原第1・第2遺跡―(仮)南三里塚物流基地建設予定地内埋蔵文化財調査―』印旛郡市文化財センター発掘調査報告書第604集 |
| ○ | ○ | ○ | | | ○ | | ○ | |
| | | | ○ | ○ | ○ | | | 古内茂他1971『三里塚　新東京国際空港用地内の考古学的調査』(財)千葉県北総公社 |
| ○ | | | | | ○ | | | 篠原正1988『獅子穴Ⅱ遺跡―富里町中央公園予定地内埋蔵文化財調査―』印旛郡市文化財センター発掘調査報告書第18集 |
| | | | | | | | ○ | 石倉亮治1987『佐倉市腰巻遺跡―佐倉第三工業団地造成に伴う埋蔵文化財発掘調査報告書Ⅴ―』千葉県文化財センター調査報告 |
| ○ | | ○ | | | ○ | | | 北西側の一部を検出。推定径約22m。田村隆他1989『佐倉市南志津地区埋蔵文化財発掘調査報告書1―佐倉市御塚山・大林・大堀・西野・芋窪遺跡―』千葉県文化財センター調査報告第152集 |
| | | | | | | | ○ | 石倉亮治・永塚俊司2004『建設センター・保全事務所用地内埋蔵文化財調査報告書　芝山町金沢台遺跡』千葉県文化財センター調査報告第476集 |
| ○ | ○ | ○ | | | ○ | | | 西口徹他2001『千葉東金道路(二期)埋蔵文化財調査報告書7―松尾町・横芝町四ツ塚遺跡・松尾町千神塚群―』千葉県文化財センター調査報告第402集 |
| | | | ○ | | | | | 永塚俊司他2009『両総農業水利事業第3揚水機場建設工事埋蔵文化財調査報告書2―山武市八幡神社北(1)・(2)・(3)遺跡―』千葉県教育振興財団調査報告第608集 |
| ○ | ○ | | | | ○ | | | 田島新他2003『千葉東金道路(二期)埋蔵文化財調査報告書12―松尾町赤羽根遺跡―』千葉県文化財センター調査報告第440集 |
| | | | ○ | | | | ○ | 北東側の約1/4を検出。推定径約68m。榊原弘二・白石浩1983『千葉市大道遺跡・生実城跡発掘調査報告書』千葉県文化財センター調査報告第59集 |
| ○ | ○ | | | | | | ○ | 上守秀明・出口雅人編1993『千葉東南部ニュータウン18―鎌取遺跡―』千葉県文化財センター調査報告第222集 |
| ○ | | ○ | | | ○ | | | 南西側の一部を検出。推定径約14m。島立桂他2004『千葉東南部ニュータウン29―千葉市バクチ穴遺跡・大膳野南貝塚・有吉城跡2(旧石器時代)―』千葉県文化財センター調査報告第467集 |
| | | | | | | | ○ | 南側の一部を検出。推定径約34m。島立桂他2006『千葉東南部ニュータウン34―千葉市城ノ台遺跡―』千葉県教育振興財団調査報告第539集 |
| | ○ | ○ | | | ○ | | ○ | 田島新・島立桂2006『千原台ニュータウンⅩⅤ―市原市押沼大六天遺跡(下層)―』千葉県教育振興財団調査報告第536集 |
| ○ | ○ | ○ | | | | | | 島立桂2003『千原台ニュータウンⅩ―市原市草刈遺跡(東部地区旧石器時代)―』千葉県文化財センター調査報告第462集 |
| | | ○ | | | | ○ | | |
| | | ○ | | | | | | 島立桂他1994『千原台ニュータウンⅥ―草刈六之台遺跡―』千葉県文化財センター調査報告第241集 |
| | ○ | | | | ○ | | ○ | |

| 遺跡No. | ブロック群No. | 遺跡名・地点 | 所在地（市町村） | 円環部推定径 東西（m） | 円環部推定径 南北（m） | 出土石器ブロック数 | 出土石器数 | 遺存率（％） | 類型 |
|---|---|---|---|---|---|---|---|---|---|
| 47 | 61 | 細山（2）遺跡 C 1ブロック | 市原市 | 12 | 13 | 7 | 99 | 0 | CⅣ |
| | 62 | 細山（2）遺跡 C 2ブロック | 市原市 | 14 | 19 | 7 | 147 | 0 | CⅣ |
| 48 | 63 | 中潤ヶ広遺跡（1）第10ブロック | 市原市 | 14 | 16 | 5 | 163 | 0 | DⅣ |
| 49 | 64 | 大網山田台遺跡№8地点68・69ブロック | 大網白里市 | 24 | 26 | 7 | 317 | 0 | CⅣ |
| 50 | 65 | 葭山遺跡 | 千葉市 | (35) | (28) | 9 | 152 | 50 | － |
| 51 | 66 | 西大野遺跡第1 C区 | 千葉市 | (26) | (26) | 4 | 169 | 不明 | － |
| 52 | 67 | 東大野第2遺跡 | 千葉市 | 60 | 60 | 29 | 792 | 0 | AⅢ |
| 53 | 68 | 台山遺跡第2ユニット | 袖ケ浦市 | 29 | 30 | 8 | 456 | 10 | CⅣ |
| | 69 | 台山遺跡第3ユニット | 袖ケ浦市 | 20 | 18 | 7 | 153 | 10 | CⅣ |
| 54 | 70 | 関畑遺跡 Aユニット | 袖ケ浦市 | 13 | 12 | 6 | 825 | 0 | DⅢ |
| | 71 | 関畑遺跡 Bユニット | 袖ケ浦市 | (20) | 20 | 7 | 556 | 50 | CⅣ |
| 55 | 72 | 文脇遺跡石器集中地点Ⅱ〜Ⅳ | 袖ケ浦市 | (54) | (54) | 6 | 134 | 不明 | － |
| 56 | 73 | 鉢ヶ谷遺跡第5地点第Ⅰ文化層 | 東金市 | 17 | 11 | 9 | 279 | 0 | CⅣ |
| | 74 | 鉢ヶ谷遺跡第5地点第Ⅱ文化層 | 東金市 | 14 | 11 | 9 | 106 | 0 | CⅣ |
| 57 | 75 | 土持台遺跡 Aブロック | 香取郡多古町 | 12 | 13 | 8 | 113 | 0 | CⅣ |
| 58 | 76 | 大塚台遺跡第1〜第11ブロック | 香取郡多古町 | 18 | 19 | 11 | 169 | 0 | CⅣ |

58　76
遺跡　基（千葉県内）

| 主要石器 | | | | | | | | 備考・文献 |
|---|---|---|---|---|---|---|---|---|
| 台形様石器 | ナイフ形石器 | 調整剥片 | 斧形石器・彫刻刀形石器 | 掻器 | 削器 | 石錐 | 石刃 | |
| | ○ | | | ○ | ○ | | ○ | 豊田秀治他2000『東関東自動車道（千葉・富津線）埋蔵文化財調査報告書5─市原市中伊沢遺跡・百目木遺跡・下椎木遺跡・志保知山遺跡・ヤジ山遺跡・細山（1）（2）遺跡─』千葉県文化財センター調査報告第383集 |
| | ○ | ○ | | ○ | ○ | | ○ | 田島新他2007『潤井戸地区埋蔵文化財調査報告書Ⅲ─市原市中潤ヶ広遺跡（下層）─』千葉県教育振興財団調査報告第582集 |
| | ○ | ○ | | ○ | ○ | | ○ | 青木幸一・吉田直哉他1994『大網山田台遺跡群Ⅰ─旧石器時代篇─』さんぶ考古資料刊行会 |
| | ○ | | | ○ | | | ○ | 南側1/2を検出か。推定径約35×28m。簗瀬裕一他1996「蒻山遺跡」『土気南遺跡群Ⅷ』千葉市文化財調査協会 |
| | | | ○ | | | | | 北西側の一部を検出。推定径26m。西口徹1994『土気緑の森工業団地内発掘調査報告書』千葉県文化財センター調査報告第253集 |
| ○ | | | | | ○ | | | 西口徹1994『土気緑の森工業団地内発掘調査報告書』千葉県文化財センター調査報告第253集 |
| | ○ | | | | | | ○ | 新田浩三他2002『東関東自動車道（千葉・富津線）埋蔵文化財調査 |
| | ○ | | ○ | | | | ○ | 10─袖ヶ浦市台山遺跡─』千葉県文化財センター調査報告第435集 |
| | ○ | ○ | | | | | | 新田浩三・小久貫隆史2004『東関東自動車道（千葉・富津線）埋蔵文化財調査13─袖ヶ浦市関畑遺跡─』千葉県文化財センター調査報告第484集 |
| | ○ | ○ | | | | | | 西側約1/2を検出。推定径約20m。参考文献同上。 |
| ○ | ○ | | | | | ○ | | 南西側の一部を調査か。推定径約54m。加藤正信・大谷弘幸1995『袖ヶ浦市文脇遺跡─主要地方道千葉鴨川線県単道路改良（幹線道路網整備）工事に伴う埋蔵文化財調査報告書─』千葉県文化財センター調査報告第266集 |
| | ○ | | | ○ | ○ | | | 吉田直哉2001『小野山田遺跡群Ⅲ（第2分冊）─先土器時代篇 |
| | | ○ | ○ | | | | | ─』山武郡市文化財センター発掘調査報告書第71集 |
| | | ○ | | | ○ | | | 三浦和信1986『多古工業団地内遺跡群発掘調査報告書─林小原子台・巣根・土持台・林中ノ台・吹入台─』千葉県文化財センター調査報告第102集 |
| ○ | ○ | ○ | | | | | | 山岡磨由子他2021『首都圏中央連絡自動車道埋蔵文化財調査報告書38─多古町大塚台遺跡（1）～（3）─』千葉県教育振興財団調査報告第784集 |

## 千葉県外　環状ブロック群集成

| 遺跡No. | ブロック群No. | 遺跡名・地点 | 所在地(市町村) | 円環部推定径 東西(m) | 円環部推定径 南北(m) | ブロック数 | 出土石器数 | 遺存率(%) | 類型 |
|---|---|---|---|---|---|---|---|---|---|
| 59 | 77 | 共栄3遺跡 | 北海道上川郡清水町 | 45 | 34 | 8 | 1539 | 0 | CⅡ |
| 60 | 78 | 家の下遺跡 | 秋田県山本郡三種町 | 25 | 32 | 16 | 16979 | 0 | BⅠ |
| 61 | 79 | 地蔵田遺跡 | 秋田県秋田市 | 20 | 28 | 14 | 4447 | 10 | BⅠ |
| 62 | 80 | 愛宕山遺跡 | 岩手県北上市 | 22 | (22) | 9 | 2098 | 70 | － |
| 63 | 81 | 南部工業団地内遺跡U区 | 岩手県北上市 | 36 | 32 | 31 | 5733 | 0 | AⅠ |
| 64 | 82 | 笹山原№8遺跡 | 福島県会津若松市 | 14 | 10 | 6 | 216 | 0 | DⅣ |
| 65 | 83 | 大谷上ノ原遺跡第2ブロック、L 33、M 32・33、N 33グリッド | 福島県双葉郡楢葉町 | 34 | 30 | 5 | 273 | 30 | DⅣ |
| 66 | 84 | 大志白遺跡群第7地区 | 栃木県宇都宮市 | 14 | 12 | 6 | 397 | 0 | DⅣ |
| 67 | 85 | 上林遺跡 | 栃木県佐野市 | 50 | 80 | 64 | 3480 | 0 | AⅠ |
| 68 | 86 | 小倉水神社裏遺跡第1～第5ユニット | 栃木県栃木市 | 17 | 15 | 5 | 101 | 10 | DⅣ |
| 69 | 87 | 並松遺跡B地点 | 栃木県芳賀郡茂木町 | 15 | 15 | 5 | 1113 | 0 | DⅡ |
| 70 | 88 | 鹿野場遺跡 | 茨城県日立市 | 21 | 16 | 9 | 2129 | 0 | CⅠ |
| 71 | 89 | 分郷八崎遺跡第1集中地点 | 群馬県渋川市 | 18 | 19 | 9 | 257 | 0 | CⅣ |
| 72 | 90 | 和田遺跡 | 群馬県みどり市 | 14 | 14 | 5 | 154 | 0 | DⅣ |
| 73 | 91 | 十二社遺跡 | 群馬県桐生市 | 22 | 19 | 16 | 400 | 0 | BⅣ |
| 74 | 92 | 武井遺跡北ブロック | 群馬県桐生市 | 28 | 39 | 10 | 100 | 20 | CⅣ |

| 台形様石器 | ナイフ形石器 | 斧形石器・調整剥片 | 彫刻刀形石器 | 掻器 | 削器 | 石錐 | 石刃 | 備　考・文　献 |
|---|---|---|---|---|---|---|---|---|
| | | | | ○ | ○ | | | 山原敏朗他1992『清水町上清水2遺跡・共栄3遺跡（2）・東松沢2遺跡、芽室町北明1遺跡—北海道横断自動車道埋蔵文化財発掘調査報告書—』（財）北海道埋蔵文化財センター調査報告書第76集 |
| ○ | ○ | | | | | | ○ | 高橋学・五十嵐一治1998『家の下遺跡（2）旧石器時代編—県営ほ場整備事業（琴丘地区）に係る埋蔵文化財発掘調査報告書Ⅲ—』秋田県文化財調査報告書第275集 |
| ○ | ○ | | | | | | ○ | 神田和彦他2011『地蔵田遺跡—旧石器時代編—』秋田市教育委員会 |
| | | | | | | | ○ | 環状部中央を通る東西トレンチで一部を検出。推定径約22m。佐藤嘉広他1993『北上市和賀町愛宕山遺跡発掘調査報告書』岩手県立博物館調査研究報告書第9冊　岩手県立博物館 |
| | | | | | | | ○ | 杉本良・高橋香里1997『南部工業団地内遺跡Ⅲ』北上市埋蔵文化財調査報告第27集　北上市教育委員会 |
| ○ | ○ | | | | | | ○ | 柳田俊雄1995「会津笹山原遺跡の旧石器時代石器群の研究—石刃技法を主体とする石器群を中心に—」『郡山女子大学紀要』31—2　郡山女子大学。藤原紀敏他1999『福島県の旧石器時代遺跡』福島県立博物館調査報告書第34集　福島県立博物館 |
| ○ | | | | | | | ○ | 伊藤典子他2001『常磐自動車道遺跡調査報告26　大谷上ノ原遺跡（1次調査）・新堤入遺跡』福島県文化財調査報告書第379集 |
| ○ | | | | | ○ | | | 戸田正勝2000『大志白遺跡群発掘調査報告書　アンビックス緑が丘ニュータウン造成に伴う発掘調査（旧石器時代編）』河内町埋蔵文化財調査報告書第3集　河内町教育委員会 |
| ○ | | | | | | | ○ | 出居博己2004『上林遺跡—佐野新都市開発整備事業に伴う埋蔵文化財発掘調査報告書—』佐野市埋蔵文化財調査報告書第30集　佐野市教育委員会 |
| | | | | | | | | 塚本師也1990『小倉水神社裏遺跡・水木東遺跡　宇都宮西中核工業団地建設に伴う発掘調査』栃木県埋蔵文化財調査報告第109集 |
| | | | | | | | ○ | 毎澤信博1997「並松遺跡」『茂木町史　第二巻　資料編1　原始古代・中世』茂木町。茂木町史編さん委員会2001「旧石器時代の茂木」『茂木町史　第五巻　通史編1　原始古代・中世・近世』茂木町 |
| | | | | | | | ○ | 舘野孝也1979『日立市鹿野場遺跡発掘調査報告書』日立市文化財調査報告第6集　日立市教育委員会 |
| ○ | | | | | ○ | | | 右島和夫他1986『分郷八崎遺跡　関越自動車道（新潟線）地域埋蔵文化財発掘調査報告書』北橘村教育委員会 |
| ○ | | | | | | | | 笠懸村誌刊行委員会1983『笠懸村誌　別巻一　資料編　自然篇・原始古代篇』笠懸村 |
| ○ | | | | | | | ○ | 加部二生・大工原豊1992「群馬県新里村十二社遺跡の調査」『第5回長野県旧石器文化研究交流会—発表要旨—』長野県旧石器文化研究交流会 |
| | ○ | | | | ○ | | ○ | 礫群9基を含む。南東側の一部が未調査。加部二生・小菅将夫1995「武井遺跡」『第2回石器文化研究交流会—発表要旨—』石器文化研究会　加部二生1998「武井遺跡の調査概要—新里村教育委員会の調査を中心として—」『武井遺跡と北関東の槍先形尖頭器文化　予稿集』第6回岩宿フォーラム/シンポジウム　笠懸野岩宿文化資料館　阿久澤智和・加部二生2020「武井遺跡の環状ブロック群」『北関東の環状ブロック群　予稿集』岩宿フォーラム2020　岩宿博物館 |

| 遺跡No. | ブロック群No. | 遺跡名・地点 | 所在地 (市町村) | 円環部推定径 東西 (m) | 円環部推定径 南北 (m) | ブロック数 | 出土石器数 | 遺存率 (%) | 類型 |
|---|---|---|---|---|---|---|---|---|---|
| 74 | 93 | 武井遺跡南ブロック | 群馬県桐生市 | (50) | (50) | 9 | 170 | 25 | − |
| 75 | 94 | 山内出B遺跡 | 群馬県桐生市 | 12 | 10 | 6 | 91 | 0 | DⅣ |
| 76 | 95 | 下触牛伏遺跡第Ⅱ文化層 | 群馬県伊勢崎市 | 43 | 40 | 15 | 2037 | 0 | BⅠ |
| 77 | 96 | 今井三騎堂遺跡第Ⅳ文化層B地点 | 群馬県伊勢崎市 | 40 | 35 | 16 | 414 | 0 | BⅣ |
| | 97 | 今井三騎堂遺跡第Ⅳ文化層C地点 | 群馬県伊勢崎市 | 40 | 55 | 13 | 823 | 0 | BⅢ |
| 78 | 98 | 三和工業団地Ⅰ遺跡第4文化層 | 群馬県伊勢崎市 | 72 | 64 | 25 | 1724 | 0 | AⅡ |
| 79 | 99 | 波志江西宿遺跡3期 | 群馬県伊勢崎市 | 24 | 20 | 5 | 391 | 0 | DⅣ |
| 80 | 100 | 舞台遺跡E区1群 | 群馬県伊勢崎市 | 24 | 26 | 8 | 206 | 0 | CⅣ |
| | 101 | 舞台遺跡E区2群 | 群馬県伊勢崎市 | 31 | 19 | 7 | 258 | 0 | CⅣ |
| 81 | 102 | 古城遺跡ⅠA区 | 群馬県安中市 | 10 | 12 | 6 | 86 | 20 | DⅣ |
| | 103 | 古城遺跡ⅠC区 | 群馬県安中市 | 16 | 22 | 14 | 523 | 0 | BⅣ |
| 82 | 104 | 白岩民部遺跡B区 | 群馬県高崎市 | 35 | 40 | 9 | 726 | 0 | CⅢ |
| 83 | 105 | 三ツ子沢中遺跡 | 群馬県高崎市 | 18 | 21 | 10 | 541 | 0 | CⅣ |
| 84 | 106 | 白川傘松遺跡Ⅱ地区 | 群馬県高崎市 | 24 | 22 | 9 | 599 | 0 | CⅣ |
| 85 | 107 | 多比良追部野遺跡F区 | 群馬県高崎市 | 15 | 13 | 10 | 422 | 0 | CⅣ |
| 86 | 108 | 藤岡北山遺跡1～9ブロック | 群馬県藤岡市 | 25 | 22 | 9 | 325 | 0 | DⅣ |
| 87 | 109 | 藤岡北山B遺跡第1文化層第3石器集中地点 | 群馬県藤岡市 | 20 | 16 | 14 | 664 | 0 | BⅢ |
| 88 | 110 | 白石北原遺跡 | 群馬県藤岡市 | (28) | (28) | 4 | | 0 | − |

| 主要石器 | | | | | | | | 備考・文献 |
|---|---|---|---|---|---|---|---|---|
| 台形様石器 | ナイフ形石器 | 斧形石器・調整剥片 | 彫刻刀形石器 | 掻器 | 削器 | 石錐 | 石刃 | |
| | ○ | | | | ○ | | ○ | 東側約1/2を検出。北西側約1/4は攪乱により失われる。南西側約1/4は未調査。推定径約50m。<br>阿久澤智和・加部二生2020「武井遺跡の環状ブロック群」『北関東の環状ブロック群 予稿集』岩宿フォーラム2020 岩宿博物館 |
| ○ | ○ | | | | | | | 加部二生・阿久澤智和2009「山内出B遺跡」『石器文化研究15』石器文化研究会 |
| ○ | ○ | ○ | ○ | | | | | 岩崎泰一他1986「下触牛伏遺跡 身体障害スポーツセンター建設予定地内埋蔵文化財発掘調査報告書」群馬県埋蔵文化財調査事業団第51集 |
| ○ | ○ | ○ | | ○ | ○ | ○ | ○ | 岩崎泰一他2004「今井三騎堂遺跡—旧石器時代編—多田山丘陵開発に伴う埋蔵文化財調査報告書第2集」群馬県埋蔵文化財調査事業団調査報告第325集 |
| | ○ | | | | | | ○ | 津島秀章他1999「三和工業団地Ⅰ遺跡（1）—旧石器時代編—三和工業団地造成事業に伴う三和工業団地Ⅰ遺跡埋蔵文化財発掘調査報告書第1集」群馬県埋蔵文化財調査事業団発掘調査報告書第246集 |
| | ○ | | | | | | ○ | 麻生敏隆・桜井美枝2004「波志江西宿遺跡Ⅱ（縄文時代・旧石器時代編） 北関東自動車道（高崎〜伊勢崎）地域埋蔵文化財発掘調査報告書第23集」群馬県埋蔵文化財調査事業団発掘調査報告書第330集 |
| | ○ | ○ | | | | | ○ | 麻生敏隆他2005「舞台遺跡（3） 舞台遺跡（縄文時代・旧石器時代編）・大井戸遺跡 北関東自動車道（高崎〜伊勢崎）地域埋蔵文化財発掘調査報告書第30集」群馬県埋蔵文化財調査事業団発掘調査報告書第345集 |
| | ○ | | | | | | | 大工原豊他1988「古城遺跡—安中古城住宅団地造成事業に伴う埋蔵文化財発掘調査報告書」安中市教育委員会 |
| | ○ | | | | ○ | | | 関口美枝他2000「白川笹塚遺跡・白岩浦久保遺跡・白岩民部遺跡 北陸新幹線建設に伴う埋蔵文化財発掘調査報告書第14集」群馬県埋蔵文化財調査事業団発掘調査報告書第266集 |
| ○ | ○ | | | | | | ○ | 松村和男他2000「三ッ子沢中遺跡 北陸新幹線地域埋蔵文化財発掘調査報告書第12集」群馬県埋蔵文化財調査事業団発掘調査報告書第260集 |
| | ○ | | | | | | ○ | 麻生敏隆他1997「白川傘松遺跡 北陸新幹線建設工事に伴う埋蔵文化財調査報告書第4集」(財)群馬県埋蔵文化財調査事業団発掘調査報告書第204集 |
| | ○ | ○ | | ○ | | | ○ | 関口博幸・桜井美枝他1997「関越自動車道（上越線）地域埋蔵文化財発掘調査報告書第40集 田比良追部野遺跡」群馬県埋蔵文化財調査事業団発掘調査報告書第213集 |
| ○ | ○ | | ○ | | ○ | | ○ | 志村哲他1987「国道254号線埋蔵文化財発掘調査報告書 A6白塩道南遺跡・A2藤岡北山遺跡」藤岡市教育委員会。中島誠・軽部達也1993「藤岡北山遺跡」『藤岡市史 資料編 原始・古代・中世』藤岡市。志村哲・大工原豊1988「藤岡北山遺跡」『群馬県史 資料編1 原始古代1』群馬県 |
| | ○ | ○ | | ○ | ○ | | ○ | 軽部達也他1995「藤岡北山B遺跡—県有文化施設みかぼみらい館建設に伴う発掘調査報告書」藤岡市教育委員会 |
| ○ | ○ | | | | | | ○ | 調査した4か所のブロックで推定。推定径約28m。<br>軽部達也2012「白石北原遺跡（旧石器時代編）」藤岡市教育委員会 関口博幸2020「群馬県鏑川流域の環状ブロック群」『北関東の環状ブロック群 予稿集』岩宿フォーラム2020 岩宿博物館 |

| 遺跡No. | ブロック群No. | 遺跡名・地点 | 所在地(市町村) | 円環部推定径 | | 出土石器ブロック数 | 出土石器数 | 遺存率(％) | 類型 |
|---|---|---|---|---|---|---|---|---|---|
| | | | | 東西(m) | 南北(m) | | | | |
| 89 | 111 | 三ツ木東原B遺跡 | 群馬県藤岡市 | (16) | (16) | 10 | 750 | 40 | － |
| 90 | 112 | 三ツ木東原C遺跡第2文化層4～8ブロック | 群馬県藤岡市 | (19) | (19) | 5 | 384 | 50 | － |
| 91 | 113 | 白倉下原遺跡A区 | 群馬県甘楽郡甘楽町 | 18 | 18 | 6 | 403 | 0 | DⅣ |
| | 114 | 白倉下原遺跡B区 | 群馬県甘楽郡甘楽町 | 16 | 16 | 4 | 120 | 0 | DⅣ |
| 92 | 115 | 天引向原遺跡A区 | 群馬県甘楽郡甘楽町 | 30 | 26 | 13 | 268 | 0 | BⅣ |
| 93 | 116 | 天引狐崎遺跡第1ブロック群 | 群馬県甘楽郡甘楽町 | 16 | 16 | 7 | 522 | 0 | CⅣ |
| 94 | 117 | 今井見切塚遺跡第Ⅳ文化層1a地点 | 群馬県前橋市 | 38 | 45 | 37 | 1487 | 10 | AⅡ |
| | 118 | 今井見切塚遺跡第Ⅳ文化層1b地点 | 群馬県前橋市 | 39 | 38 | 30 | 1567 | 10 | AⅡ |
| 95 | 119 | 天ヶ堤遺跡第3文化層Ⅱ・Ⅲ区 | 群馬県伊勢崎市 | 22 | 22 | 11 | 451 | 10 | CⅣ |
| 96 | 120 | 荒砥北三木堂Ⅱ遺跡第3文化層 | 群馬県前橋市 | 28 | 28 | 12 | 704 | 0 | CⅢ |
| 97 | 121 | 大上遺跡第4文化層Ⅱ区 | 群馬県伊勢崎市 | 30 | (30) | 6 | 457 | 50 | － |
| 98 | 122 | 上泉唐ノ堀遺跡第3文化層拡張5区 | 群馬県前橋市 | 22 | 25 | 2 | 255 | 0 | DⅣ |
| 99 | 123 | 芳賀東部団地遺跡第2文化層B区 | 群馬県前橋市 | 29 | 29 | 6 | 213 | 20 | DⅣ |
| | 124 | 芳賀東部団地遺跡第2文化層E区 | 同上 | 15 | 20 | 10 | 301 | 0 | CⅣ |
| 100 | 125 | 内堀遺跡E区A地点 | 群馬県前橋市 | 29 | 25 | 8 | 319 | 0 | CⅣ |
| 101 | 126 | 富田高石遺跡北地点 | 群馬県前橋市 | 22 | 24 | 8 | 220 | 0 | CⅣ |

| 主要石器 | | | | | | | | 備考・文献 |
|---|---|---|---|---|---|---|---|---|
| 台形様石器 | ナイフ形石器 | 調整剝片・斧形石器 | 彫刻刀形石器 | 掻器 | 削器 | 石錐 | 石刃 | |
| ○ | ○ | | | | ○ | | ○ | 環状部北半側を通る東西トレンチで約2/3を検出。推定径約16m。軽部達也2021「三ツ木東原B遺跡・三ツ木東原C遺跡」『第104回企画展掘された日本列島2021地域展示図録』群馬県立歴史博物館　常深　尚他2021「F48三ツ木東原B遺跡—毛野国白石丘陵公園園路建設に伴う埋蔵文化財発掘調査—」藤岡市教育委員会 |
| | ○ | | | | | | | 環状部南半側を通る東西トレンチで約1/2を検出。推定径約19m。軽部達也2021「三ツ木東原B遺跡・三ツ木東原C遺跡」『第104回企画展掘された日本列島2021地域展示図録』群馬県立歴史博物館　常深　尚他2021「F49三ツ木東原C遺跡・D57上落合七輿遺跡—毛野国白石丘陵公園外周道路建設に伴う埋蔵文化財発掘調査—」藤岡市教育委員会 |
| ○ | ○ | | | | ○ | | ○ | 関口博幸他1994『関越自動車道（上越線）地域埋蔵文化財発掘調査報告書第21集　白倉下原・天引向原遺跡Ⅰ・天引狐崎遺跡Ⅰ—甘楽パーキングエリア地内遺跡の調査—旧石器時代編』群馬県埋蔵文化財調査事業団発掘調査報告書第161集 |
| ○ | ○ | | ○ | | | | | |
| | | | | | | | ○ | 岩崎泰一・津島秀章2007『今井見切塚遺跡—旧石器時代編—多田山丘陵開発に伴う埋蔵文化財調査報告書第5集』群馬県埋蔵文化財調査事業団発掘調査報告第382集 |
| ○ | ○ | | ○ | | | | | 関根慎二・桜井美枝他2008『天ヶ堤遺跡（2）　北関東自動車道（伊勢崎～県境）地域並びに（一）香林羽黒線地方道路交付金事業に伴う埋蔵文化財発掘調査報告書』群馬県埋蔵文化財調査事業団発掘調査報告書第430集 |
| | | ○ | | | | | ○ | 津島秀章他2008『上武道路・旧石器時代遺跡群（1）　今井道上Ⅱ遺跡・荒砥北三木堂Ⅱ遺跡・富田宮下遺跡・富田西原遺跡・富田高石遺跡・富田漆田遺跡・友田下大日遺跡・江木下大日遺跡　一般国道17号（上武道路）改築工事に伴う埋蔵文化財発掘調査報告書』（財）群馬県埋蔵文化財調査事業団調査報告第418集 |
| ○ | ○ | ○ | | | ○ | | ○ | 北側約1/2を検出。推定径約30m。関口博幸他2008『大上遺跡Ⅰ—旧石器時代編—　北関東自動車道（伊勢崎～県境）地域並びに（一）香林羽黒線地方道路交付金事業に伴う埋蔵文化財発掘調査報告書』群馬県埋蔵文化財調査事業団発掘調査報告書第434集 |
| | | ○ | | | | | | 麻生敏隆他2012『上武道路・旧石器時代遺跡群（3）　上泉唐ノ堀遺跡・上泉新田塚遺跡群・上泉武田遺跡・五代砂留遺跡群・芳賀東部団地遺跡・胴城遺跡　一般国道17号（上武道路）改築工事に伴う埋蔵文化財発掘調査報告書』（財）群馬県埋蔵文化財調査事業団調査報告第535集 |
| ○ | ○ | | | | | | ○ | |
| ○ | ○ | ○ | ○ | | ○ | | | 前原豊・宮内毅1997『内堀遺跡群Ⅸ—大室公園整備事業に伴う埋蔵文化財発掘調査報告書—』前橋市教育委員会　前原豊1998「内堀遺跡群内堀遺跡」『第5回石器文化研究交流会—発表要旨—』石器文化研究会 |
| | | | | | | | ○ | 津島秀章他2008『上武道路・旧石器時代遺跡群（1）　今井道上Ⅱ遺跡・荒砥北三木堂Ⅱ遺跡・富田宮下遺跡・富田西原遺跡・富田高石遺跡・富田漆田遺跡・友田下大日遺跡・江木下大日遺跡　一般国道17号（上武道路）改築工事に伴う埋蔵文化財発掘調査報告書』（財）群馬県埋蔵文化財調査事業団調査報告第418集 |

| 遺跡No. | ブロック群No. | 遺跡名・地点 | 所在地（市町村） | 円環部推定径 東西（m） | 南北（m） | 出土ブロック数 | 出土石器数 | 遺存率（%） | 類型 |
|---|---|---|---|---|---|---|---|---|---|
| 102 | 127 | 折茂Ⅲ遺跡 | 群馬県高崎市 | 23 | 23 | 25 | 742 | 0 | AⅢ |
| 103 | 128 | 清河寺前原遺跡第2地点 | 埼玉県さいたま市 | 14 | 23 | 11 | 1476 | 0 | CⅡ |
| 104 | 129 | 藤久保東遺跡第Ⅸ層石器集中1～8 | 埼玉県入間郡三芳町 | 14 | 21 | 8 | 1250 | 0 | CⅡ |
| 105 | 130 | 馬場遺跡 | 埼玉県春日部市 | (23) | (17) | 8 | 119 | 40 | － |
| 106 | 131 | 野水遺跡第4文化層 | 東京都調布市 | 28 | 23 | 19 | 4481 | 0 | BⅠ |
| 107 | 132 | 田無南町遺跡旧石器時代1 | 東京都西東京市 | 55 | 44 | 12 | 1056 | 0 | CⅡ |
| 108 | 133 | 下里本邑遺跡A地点 | 東京都東久留米市 | 13 | 14 | 6 | 282 | 0 | DⅣ |
| 109 | 134 | 多聞寺前遺跡第Ⅸ層 | 東京都東久留米市 | 23 | 24 | 18 | 589 | 0 | BⅣ |
| 110 | 135 | 川岸遺跡Ⅸb層石器群 | 東京都久留米市 | (40) | (40) | 13以上 | 2.500 | 0 | － |
| 111 | 136 | 鈴木遺跡都道南側・小学校D地点 | 東京都小平市 | (45) | 45 | 10 | 1088 | 30 | CⅡ |
| 112 | 137 | 高井戸東遺跡（西台地）第Ⅸ中文化層 | 東京都杉並区 | 40 | 32 | 15 | 674 | 0 | BⅢ |
| 113 | 138 | 武蔵台遺跡Ⅹb文化層 | 東京都府中市 | 18 | 17 | 10 | 不明 | 0 | － |
| 114 | 139 | 羽根沢台遺跡第Ⅶ文化層 | 東京都三鷹市 | 15 | 20 | 15 | 1430 | 30 | BⅡ |
| 115 | 140 | 上草柳遺跡群大和配水地内遺跡第ⅩⅣ文化層 | 神奈川県大和市 | 19 | 24 | 5 | 135 | 0 | DⅣ |
| 116 | 141 | 津久井城跡馬込地区第6文化層 | 神奈川県相模原市 | 29 | 27 | 7 | 1384 | 0 | CⅡ |
| 117 | 142 | 仲町遺跡JS地点a地区 | 長野県上水内郡信濃町 | 28 | 24 | 10 | 1686 | 20 | CⅡ |
| | 143 | 仲町遺跡JS地点b地区 | 同上 | 32 | 28 | 20 | 3629 | 20 | AⅠ |
| | 144 | 仲町遺跡BP3地点Ⅴ層 | 同上 | 18 | 16 | 18 | 4513 | 10 | BⅠ |

| 主要石器 |  |  |  |  |  |  |  | 備考・文献 |
| :--: | :--: | :--: | :--: | :--: | :--: | :--: | :--: | :-- |
| 台形様石器 | ナイフ形石器 | 調整剝片 | 斧形石器・彫刻刀形石器 | 掻器 | 削器 | 石錐 | 石刃 |  |
| ○ | ○ |  | ○ | ○ | ○ | ○ | ○ | 矢島浩2005『長根遺跡群発掘調査報告書Ⅸ—県営畑地帯総合土地改良事業長根台地地区発掘調査』吉井町教育委員会 |
| ○ |  |  |  |  |  |  |  | 西井幸雄他2009『清河寺前原遺跡　大宮西部特定土地区画整理事業地内埋蔵文化財発掘調査報告』埼玉県埋蔵文化財調査事業団報告書第366集 |
|  | ○ |  |  |  | ○ |  | ○ | 大久保淳他2009『藤久保東遺跡Ⅱ—藤久保第一土地区画整理事業に伴う埋蔵文化財発掘調査報告書—』三芳町埋蔵文化財報告書34　三芳町教育委員会 |
| ○ |  |  |  |  |  |  |  | 北東から南西にかけての約2/3のエリアを部分的に調査。<br>長谷川清一・亀田直美他2005『浅間下遺跡第3次・香取廻遺跡第2・5次・愛宕遺跡第2次・原遺跡第2次・馬場遺跡—範囲確認調査—』庄和町文化財調査報告第14集　庄和町教育委員会<br>中野達也・岡本直也他2019『貝の内遺跡28次地点・馬場遺跡6次地点』春日部市埋蔵文化財発掘調査報告書第21集　春日部市教育委員会<br>中野達也・岡本直也他2021『馬場遺跡7次地点』春日部市埋蔵文化財発掘調査報告書第25集　春日部市教育委員会 |
|  | ○ |  |  |  |  |  | ○ | 川辺賢一他2006『都立武蔵野の森公園埋蔵文化財調査—野水遺跡第1地点—報告書』調布市遺跡調査会 |
| ○ | ○ |  | ○ | ○ | ○ |  |  | 小田静夫他1992『田無町　都立田無養護学校内埋蔵文化財発掘調査報告書』都立学校遺跡調査会 |
| ○ |  |  |  |  |  |  |  | 大竹憲明・須藤隆司・千葉　寛他1982『下里本邑遺跡』下里本邑遺跡調査会 |
| ○ |  |  |  |  |  |  |  | 戸沢充則・鶴丸俊明編1983『多聞寺前遺跡Ⅱ』多聞寺前遺跡調査会 |
| ○ |  |  |  |  |  |  |  | 北側一部と西側約1/3を削平により失う。推定径約40m。<br>岩井聖吾・佐藤悠登2022「東京都久留米市川岸遺跡の発掘調査概要」『日本考古学第54号』日本考古学協会 |
|  |  |  | ○ |  |  |  | ○ | 東側3/4を検出。東西推定径約45m。<br>総括報告書鈴木10文化層・南105～南114ブロック<br>小川望・高田賢治他2020『鈴木遺跡　発掘調査総括報告書』小平市埋蔵文化財発掘調査報告書第58集　小平市教育委員会<br>舘野孝・堀井晶子・砂田佳弘他1980『鈴木遺跡Ⅲ』鈴木遺跡刊行会<br>織笠明・織笠明子・金山喜昭他1981『鈴木遺跡Ⅳ』鈴木遺跡刊行会 |
|  |  |  |  |  |  |  | ○ | 小田静夫他1977『高井戸東遺跡』高井戸東遺跡調査会 |
| ○ |  |  |  |  |  |  |  | 横山裕平・川口潤他1984『武蔵台遺跡Ⅰ　武蔵国分寺跡西方地区の調査』都立府中病院内遺跡調査会 |
|  | ○ |  |  |  | ○ |  | ○ | 下原裕司・斉藤圭子他1996『羽根沢台遺跡Ⅱ　東京都三鷹市大沢羽根沢台遺跡・羽根沢台遺跡横穴墓群発掘調査報告書』三鷹市埋蔵文化財調査報告書第18号　三鷹市教育委員会・三鷹市遺跡調査会 |
|  | ○ |  |  |  |  |  | ○ | 麻生順司2008『神奈川県大和市上草柳遺跡群大和配水池内遺跡Ⅰ　発掘調査報告書』大和市№199遺跡発掘調査団 |
| ○ |  |  |  |  |  |  |  | 畠中俊明他2010『津久井城跡馬込地区　津久井広域道路建設事業に伴う発掘調査』かながわ考古学財団調査報告249 |
| ○ |  |  |  |  |  |  |  | 鶴田典昭他2004『仲町遺跡　一般国道18号（野尻バイパス）埋蔵文化財発掘調査報告書3—信濃町内その3—』長野県埋蔵文化財センター発掘調査報告書63 |
|  |  |  |  |  | ○ | ○ |  |  |

| 遺跡No. | ブロック群No. | 遺跡名・地点 | 所在地（市町村） | 円環部推定径 東西（m） | 円環部推定径 南北（m） | 出土石器ブロック数 | 出土石器数 | 遺存率（%） | 類型 |
|---|---|---|---|---|---|---|---|---|---|
| 118 | 145 | 日向林B遺跡I石器文化 | 長野県上水内郡信濃町 | 25 | 30 | 30 | 9001 | 0 | AI |
| 119 | 146 | 上ノ原遺跡上ノ原Ia石器文化 | 長野県上水内郡信濃町 | 30 | 25 | 9 | 779 | 0 | CⅢ |
| | 147 | 上ノ原遺跡上ノ原Ib石器文化 | 同上 | 20 | 38 | 10 | 846 | 0 | CⅢ |
| 120 | 148 | 大久保南遺跡大久保南Ia石器文化 | 長野県上水内郡信濃町 | 24 | 22 | 6 | 298 | 0 | DⅣ |
| | 149 | 大久保南遺跡大久保南Ib石器文化 | 同上 | (28) | 28 | 9 | 657 | 40 | － |
| 121 | 150 | 貫ノ木遺跡第3地点 | 長野県上水内郡信濃町 | 40 | 68 | 33 | 7102 | 0 | AI |
| 122 | 151 | 弓振日向遺跡 | 長野県諏訪郡原村 | 25 | 30 | 9 | 99 | 0 | CⅣ |
| 123 | 152 | 針ヶ平第1遺跡 | 長野県上伊那郡飯島町 | 10 | 12 | 9 | 713 | 5 | CⅢ |
| 124 | 153 | 立科F遺跡 | 長野県佐久市 | 20 | 21 | 9 | 211 | 0 | CⅣ |
| 125 | 154 | 中見代第I遺跡第Ⅴ文化層A地区 | 静岡県沼津市 | 9 | 11 | 8 | 1791 | 0 | CⅡ |
| 126 | 155 | 土手上遺跡d・e区-1（BBV） | 静岡県沼津市 | 28 | 30 | 30 | 2203 | 0 | AI |
| 127 | 156 | 西洞遺跡b区-1（BBⅥO） | 静岡県沼津市 | 10 | 10 | 14 | 339 | 0 | BⅣ |
| 128 | 157 | 西洞遺跡第二東名№8地点第I文化層 | 静岡県沼津市 | 12 | 9 | 13 | 1844 | 0 | BⅡ |
| 129 | 158 | 梅ノ木沢遺跡エリアA | 静岡県駿東郡長泉町 | 25 | 19 | 4 | 218 | 0 | DⅣ |
| | 159 | 梅ノ木沢遺跡エリアB | 静岡県駿東郡長泉町 | 26 | (26) | 6 | 196 | 0 | － |
| 130 | 160 | 初音ヶ原A遺跡第1地点BBⅢ層 | 静岡県三島市 | (46) | (40) | － | － | － | － |
| 131 | 161 | 峯ノ阪遺跡 | 奈良県生駒郡三郷町 | 15 | 13 | 18 | 794 | 0 | BⅢ |

| 台形様石器 | ナイフ形石器 | 調整剥片 | 斧形石器・ | 彫刻刀形石器 | 掻器 | 削器 | 石錐 | 石刃 | 備考・文献 |
|---|---|---|---|---|---|---|---|---|---|
| ○ | ○ | ○ | ○ | ○ | ○ | ○ | | | 谷和隆2000『上信越自動車道埋蔵文化財発掘調査報告書—信濃町内その1—日向林B遺跡・日向林A遺跡・七ツ栗遺跡・大平B遺跡 旧石器時代』長野県埋蔵文化財センター発掘調査報告書48 |
| ○ | ○ | | | | | | | ○ | 谷和隆2000『上信越自動車道埋蔵文化財発掘調査報告書—信濃町内その1—裏ノ山遺跡・東裏遺跡・大久保南遺跡・上ノ原遺跡 旧石器時代』長野県埋蔵文化財センター発掘調査報告書48 |
| ○ | ○ | ○ | | | | | | ○ | |
| | | | | | | | | ○ | 西側約1/2を検出。東西推定径約28m。参考文献同上。 |
| ○ | | | | | | | | ○ | 大竹憲明2000『上信越自動車道埋蔵文化財発掘調査報告書—信濃町内その1—貫ノ木遺跡・西岡A遺跡 旧石器時代』長野県埋蔵文化財センター発掘調査報告書48 |
| ○ | | | | | | | | ○ | 大竹憲明他1988『弓振日向遺跡(第2次発掘調査) 昭和61年度県営ほ場整備事業弓振地区に伴う緊急発掘調査報告書』原村教育委員会 |
| | | | | | | | | | 大竹憲明他1987『針ヶ平第1遺跡』飯島町教育委員会 |
| ○ | | | | | ○ | | | ○ | 須藤隆司1991『立科F遺跡 ナイフ形石器文化成立期の集落研究 長野県佐久市前山立科F遺跡発掘調査報告書』佐久市埋蔵文化財調査報告書第5集 佐久市教育委員会・佐久市埋蔵文化財調査センター |
| ○ | | | | | ○ | | | ○ | 高尾好之1989『中見代第I遺跡調査報告書(足高尾上№5遺跡)』沼津市文化財調査報告書第45集 沼津市教育委員会 |
| ○ | | | | | ○ | | | ○ | 沼津市教育委員会1997『土手上遺跡(d・e区-1)発掘調査報告書』沼津市文化財調査報告書第63集 沼津市教育委員会 |
| ○ | ○ | | | | ○ | | | ○ | 笹原芳郎他1999『西洞遺跡(b区-1)発掘調査報告書』沼津市文化財調査報告書第69集 沼津市教育委員会 |
| | | | | | | | | ○ | 三好元樹2012『西洞遺跡II 第二東名№8地点 旧石器時代・縄文時代編 第二東名建設事業に伴う埋蔵文化財発掘調査報告書 沼津市—8』静岡県埋蔵文化財センター調査報告第2集 |
| ○ | | | | | ○ | | | ○ | 笹原千賀子2009『梅ノ木沢遺跡II(旧石器時代編) 第二東名№143—2地点、CR35地点 第二東名建設事業に伴う埋蔵文化財発掘調査報告書 長泉町—4』静岡県埋蔵文化財調査研究所調査報告第206集 |
| ○ | | | | | ○ | | | | 南側約1/2を削平により消失。南北推定径約26m。参考文献同上。 |
| ○ | | ○ | | | | | | | 詳細不明。鈴木敏中1986「初音ヶ原A遺跡」『昭和60年度県内発掘調査の概要』静岡県考古学会。鈴木敏中1999「第5章第2節 第IV文化層の土坑について」『初音ヶ原遺跡 都市計画道路谷田幸原線初音ヶ原インターチェンジ建設に伴う埋蔵文化財発掘調査報告書 初音ヶ原A遺跡第2地点・初音ヶ原B遺跡第3地点』三島市教育委員会。静岡県考古学会『愛鷹・箱根山麓の旧石器時代編年 予稿集』静岡県考古学会シンポジウムIX 静岡県考古学会 |
| | | | | | | | ○ | ○ | 西藤清秀・宮原晋一1996『峯ノ阪遺跡『奈良県遺跡調査概報1995年度(第一分冊)』奈良県立橿原考古学研究所 |

| 遺跡No. | ブロック群No. | 遺跡名・地点 | 所在地（市町村） | 円環部推定径 東西（m） | 円環部推定径 南北（m） | 出土石器ブロック数 | 出土石器数 | 遺存率（%） | 類型 |
|---|---|---|---|---|---|---|---|---|---|
| 132 | 162 | 稚児野遺跡第4次調査 | 京都府福知山市 | 25 | 25 | 16 | (600) | 0 | BⅢ |
| 133 | 163 | 七日市遺跡 第Ⅱ文化層G・H区、3AC4ブロック | 兵庫県丹波市 | 22 | 24 | 12 | 1146 | 0 | CⅡ |
| 134 | 164 | 中山西遺跡 | 岡山県真庭市 | 11 | 12 | 6 | 1158 | 0 | DⅡ |
| 135 | 165 | 原田遺跡7層 | 島根県仁多郡奥出雲町 | 15 | 16 | 9 | 279 | 0 | CⅣ |
| 136 | 166 | 和知白鳥遺跡 | 広島県三次市 | 19 | 20 | 6 | 324 | 0 | DⅣ |
| 137 | 167 | 段遺跡 | 広島県三次市 | 37 | 36 | 4 | 930 | 0 | DⅢ |
| 138 | 168 | 石の本遺跡群8区 | 熊本県熊本市 | 31 | 28 | 15 | 3320 | 0 | BⅠ |
| 139 | 169 | 曲野遺跡第Ⅲ調査区 | 熊本県宇城市 | (53) | (31) | 15 | 476 | 10 | BⅣ |
| 140 | 170 | クノ原遺跡 | 熊本県球磨郡湯前町 | (19) | (19) | 9 | 682 | 60 | － |
| 141 | 171 | 東畦原第3遺跡第Ⅱ文化層ブロック5〜8 | 宮崎県児湯郡新富町 | 16 | 17 | 4 | 78 | 0 | DⅣ |
| 142 | 172 | 立野第5遺跡Ⅷ層 | 宮崎県児湯郡都農町 | 20 | 17 | 10 | 850 | 0 | CⅢ |

84　96
遺跡　基　（千葉県外）

| 主要石器 | | | | | | | | 備　考・文　献 |
|---|---|---|---|---|---|---|---|---|
| 台形様石器 | ナイフ形石器 | 斧形石器・調整剥片 | 彫刻刀形石器 | 掻器 | 削器 | 石錐 | 石刃 | |
| ○ | ○ | ○ | | | ○ | | | 京都府埋蔵文化財調査研究センター2021『発掘された京都の歴史2021　かつて京都に火山灰が降ったころ　展示図録』。京都府埋蔵文化財調査研究センター2021『稚児野遺跡第4次調査』　京埋セ現地説明会資料21-1。黒坪一樹2022「稚児野遺跡第4次」『京都府埋蔵文化財情報第142号』京都府埋蔵文化財調査研究センター |
| ○ | ○ | ○ | | | ○ | | | 2回の調査で検出されたものを1基に統合。久保弘幸・藤田淳編1990『七日市遺跡（Ⅰ）（旧石器時代遺跡の調査）―近畿自動車道舞鶴線関係埋蔵文化財調査報告書（Ⅻ-1）―』兵庫県文化財調査報告書第72-1冊。山本誠他2004　『七日市遺跡（Ⅲ）　旧石器時代の調査―近畿自動車道敦賀線（吉川～福知山）建設事業（春日JCT）に伴う発掘調査報告書―』兵庫県文化財調査報告書第272冊　兵庫県教育委員会 |
| ○ | | | | | | | ○ | 下澤公明・山磨康平他1995『中国横断自動車道建設に伴う発掘調査2　中山西遺跡・城山東遺跡・下郷原和田遺跡・下郷原田代遺跡・木谷古墳群・中原古墳群』岡山県埋蔵文化財発掘調査報告93 |
| | | | | | | | ○ | 伊藤徳広・石橋裕子他2008『原田遺跡（4）―旧石器時代の調査―尾原ダム建設に伴う埋蔵文化財発掘調査報告書12』島根県教育委員会 |
| ○ | ○ | | | | | | | 沖憲明・山田繁樹他2011『中国横断自動車道尾道松江線建設に伴う埋蔵文化財発掘調査報告（15）　和知白鳥遺跡1（旧石器時代の調査）』広島県教育事業団発掘調査報告書第38集 |
| ○ | ○ | | | | ○ | | | 辻満久他2012『中国横断自動車道尾道松江線建設に伴う埋蔵文化財発掘調査報告（20）　段遺跡』広島県教育事業団発掘調査報告書第43集 |
| | | ○ | | | ○ | ○ | ○ | 池田朋生他1999『石の本遺跡群Ⅱ　第54回国民体育大会秋季主会場整備事業に伴う埋蔵文化財発掘調査』熊本県文化財調査報告書第178集 |
| ○ | ○ | | | | ○ | | | 中心部の約9割を調査。規模は推定。江本直他1984『曲野遺跡Ⅱ―一般国道3号松橋バイパスに伴う埋蔵文化財発掘調査報告（第Ⅲ自調査報告）熊本県文化財調査報告書第65集 |
| | | ○ | | | ○ | ○ | | 道路の調査で環状部の北東側と南西側の一部を検出。推定径約19m。古森政次他1999『潮山・クノ原遺跡　熊本県農政部ふるさと農道建設に伴う埋蔵文化財調査』熊本県文化財調査報告書第179集 |
| | | ○ | | | ○ | ○ | ○ | 福家東一他2004『東畦原第3遺跡　東九州自動車道（都農～西都間）建設に伴う埋蔵文化財発掘調査報告書4』宮崎県埋蔵文化財センター発掘調査報告書第87集 |
| | | ○ | | | | | ○ | 日高優子2007『立野第5遺跡・立野第2遺跡　東九州自動車道（都農～西都間）建設に伴う埋蔵文化財発掘調査報告書49』宮崎県埋蔵文化財センター発掘調査報告書第156集 |

環状ブロック群集成表／分布図

遺跡と環状ブロック群の数

|  | 遺跡 | 環状ブロック群 |
|---|---|---|
| 千葉県内 | 58 | 76 |
| 千葉県外 | 84 | 96 |
| 総計 | 142 | 172 |

【註釈】
□本集成は2020（令和2）年度に行った集成（酒井2020）の増補・改訂版であり、令和5年（2023年）7月時点での集成である。
□「類型」分けに関する基準は下記の通りである。
　ブロック数　A類：20カ所以上　　　出土石器数　Ⅰ類：2000点以上
　　　　　　　B類：13～19カ所　　　　　　　　　Ⅱ類：1000点以上2000点未満
　　　　　　　C類：7～12カ所　　　　　　　　　Ⅲ類：600点以上1000点未満
　　　　　　　D類：6カ所以下　　　　　　　　　Ⅳ類：600点未満
　　　本類型を基にその傾向をグラフに表したものが第2-19図である。併せて参照いただきたい。
□報告書中で環状ブロック群として記載のないものについても取り上げているが、本集成が今後の環状ブロック群研究の基礎・検討資料としても扱えるよう、網羅的な集成を行った。
□内容については、報告書の内容に準拠したものであるが、一部記載のないものについては集計者が計測したものも含まれる。
□今回は集成から外したが、環状ブロック群として指摘のあるものとして宮崎県宮崎市清武上猪ノ原遺跡があげられる。同遺跡は環状のブロック分布を示してはいるが、ATより上位の石器群であるため集成外としたが、追加調査や他の類例の増加を待って、今後再検討が行われるべきと考える。
□本書の作成中に、新たな環状ブロック群として千葉県芝山町大ヨロ遺跡、岩手県西和賀町大台野遺跡、岡山県真庭市小林河原遺跡の報告・紹介がなされた。今回は情報の提供にとどめるが、機会を改めて集成表への追加を行っていきたい。

環状ブロック群類型別集計表

| 類型 | 千葉県内 | 千葉県外 | 合計 |
|---|---|---|---|
| AⅠ | 2 | 6 | 8 |
| AⅡ | 1 | 3 | 4 |
| AⅢ | 2 | 1 | 3 |
| AⅣ | 0 | 0 | 0 |
| BⅠ | 0 | 6 | 6 |
| BⅡ | 5 | 2 | 7 |
| BⅢ | 1 | 5 | 6 |
| BⅣ | 2 | 7 | 9 |
| CⅠ | 0 | 1 | 1 |
| CⅡ | 2 | 8 | 11 |
| CⅢ | 7 | 7 | 14 |
| CⅣ | 23 | 15 | 38 |
| DⅠ | 0 | 0 | 0 |
| DⅡ | 0 | 2 | 2 |
| DⅢ | 3 | 1 | 4 |
| DⅣ | 15 | 19 | 34 |
| 不明 | 13 | 13 | 26 |
| 合計 | 76 | 96 | 172 |

環状ブロック群集成表／分布図

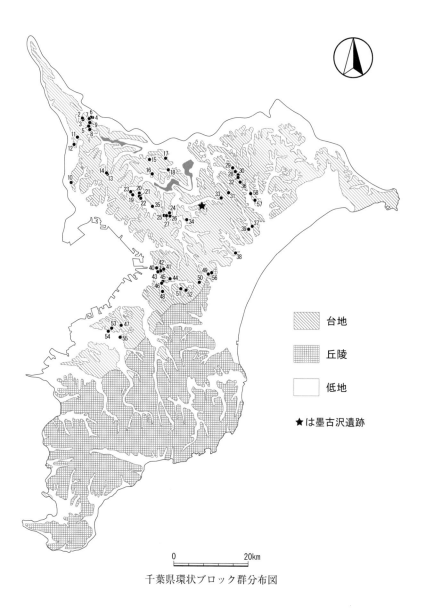

千葉県環状ブロック群分布図

群馬県拡大図

東京都拡大図

全国環状ブロック群分布図

## 引用・参考文献

秋成雅博 2018『清武上猪ノ原遺跡第 5 地区　県営農免農道整備事業船引 2
　　期地区工事にかかる埋蔵文化財調査報告書』宮崎市埋蔵文化財調査報告
　　書第119集

秋成雅博 2020「清武猪ノ原遺跡第 4 ・ 5 地区の環状ブロック群について」
　　『九州旧石器』第24号　九州旧石器文化研究会

麻生順司 2003『田名向原遺跡 I　相模原市しおだ土地区画整理事業に伴う
　　旧石器時代発掘調査』相模原市埋蔵文化財調査報告書30

井田　篤・秋成雅博 2012『清武上猪ノ原遺跡― 4 ―県営農地保全整備事業船
　　引工区にかかる埋蔵文化財調査報告書』宮崎市埋蔵文化財調査報告書第
　　88集

出居　博他 2004『上林遺跡―佐野新都市開発整備事業に伴う埋蔵文化財発
　　掘調査報告書―』佐野市埋蔵文化財調査報告書第30集　佐野市教育委員
　　会

岩崎泰一他 1986『下触牛伏遺跡　身体障害スポーツセンター建設予定地内
　　埋蔵文化財発掘調査報告書』群馬県埋蔵文化財調査事業団第51集

小野　昭 1983「新潟県　神山遺跡」『探訪先土器の遺跡』有斐閣選書

小野　昭 1998「旧石器時代遺跡の住いと生活―比較論の可能性」『公開セミ
　　ナー記録集「用田バイパス関連遺跡群ローム層中出土の炭化材」「旧石
　　器時代の住居遺構を探る」』（財）かながわ考古学財団・神奈川県立埋蔵
　　文化財センター

岡田誠造 1999『四街道市出口・鐘塚遺跡―物井地区埋蔵文化財発掘調査報
　　告書 II ―』千葉県文化財センター調査報告第357集

沖縄県立博物館・美術館 2007『人類の旅―港川人の来た道―』

笠懸野岩宿文化資料館 1992『岩宿時代』展示解説

工藤雄一郎 2012『旧石器・縄文時代の環境文化史　高精度放射性炭素年代
　　測定と考古学』新泉社

栗原伸好 2004「田名向原遺跡における住居状遺構の上屋構造の復元」『田名
　　向原遺跡 II　史跡田名向原遺跡保存整備事業に伴う埋蔵文化財発掘調査
　　報告及び研究調査報告』相模原市埋蔵文化財調査報告書31

栗原伸好他 2013『小保戸遺跡　一般国道468号（さがみ縦貫道路相模原市城

山地区）建設事業に伴う発掘調査』かながわ考古学財団調査報告288

小菅将夫 2006『赤城山麓の三万年前のムラ　下触牛伏遺跡』シリーズ「遺跡を学ぶ」030　新泉社

酒井弘志・宇井義典 2004『印旛の原始・古代―旧石器時代編―』（財）印旛郡市文化財センター

酒井弘志他 2004『瀧水寺裏遺跡―本埜村道改良工事に伴う埋蔵文化財調査―』印旛郡市文化財センター発掘調査報告書第208集

酒井弘志他 2005『千葉県四街道市谷津田遺跡Ａ区・本調査第１地点、前原№２遺跡（本調査第１・第２地点）、木戸場遺跡（本調査第１地点―四街道市鹿渡南部特定土地区画整理事業に伴う埋蔵文化財調査報告書Ⅰ―』印旛郡市文化財センター発掘調査報告書第228集

酒井弘志・村井大海編 2019『墨古沢遺跡総括報告書―下総台地に現存する日本最大級の環状ブロック群―』酒々井町

佐藤宏之 2019『旧石器時代　日本文化のはじまり』ヒスカルセレクション考古１　敬文舎

佐藤宏之・山田　哲・出穂雅実 2011「旧石器時代の狩猟と動物資源」『野と原の環境史』日本列島の三万五千年―人と自然の環境史２　文一総合出版

酒々井町教育委員会 2019『墨古沢遺跡パンフレット～日本最大級の環状ブロック群～』（改訂版）

酒々井町教育委員会 2020『墨古沢遺跡国史跡指定１周年記念シンポジウム　34,000年前、墨古沢は日本の中心であった　予稿集』

酒々井町教育委員会 2021『史跡墨古沢遺跡保存活用計画書』

酒々井町教育委員会 2022『史跡墨古沢遺跡整備基本計画書』

酒々井町教育委員会 2023『墨古沢遺跡国史跡指定１周年記念シンポジウム記録集　34,000年前、墨古沢は日本の中心であった』

島立　桂他 1992「下総台地における立川ローム層層所区分―平成２・３年度職員研修会から―」『研究連絡誌』第35号　（財）千葉県文化財センター

鈴木敏中他 1999『初音ヶ原遺跡　都市計画道路谷田幸原線初音ヶ原インターチェンジ建設に伴う埋蔵文化財発掘調査報告書　初音ヶ原Ａ遺跡第２地点・初音ヶ原Ｂ遺跡第３地点』三島市教育委員会

谷　和隆 2000『上信越自動車道埋蔵文化財発掘調査報告書—信濃町内その1—日向林B遺跡・日向林A遺跡・七ッ栗遺跡・大平B遺跡　旧石器時代』長野県埋蔵文化財センター発掘調査報告書48

田村　隆 2012「ゴミ問題の発生」『物質文化』92　物質文化研究会

千葉県史料研究財団 2000『千葉県の歴史　資料編　考古1（旧石器・縄文時代）』県史シリーズ9　千葉県

千葉県史料研究財団 2004『千葉県の歴史　資料編　考古4（遺跡・遺構・遺物）』県史シリーズ12　千葉県

千葉県史料研究財団 2007『千葉県の歴史　通史編　原始・古代1』県史シリーズ1　千葉県

津島秀章・岩崎泰一 2010「武尊山産黒色安山岩の消長—石材資源の動的理解にむけて—」『研究紀要28』（財）群馬県埋蔵文化財調査事業団

鶴田典昭 2010『長野県竹佐中原遺跡における旧石器時代の石器文化Ⅱ　国道474号（飯喬道路）埋蔵文化財発掘調査報告書2—飯田市内その2—』長野県埋蔵文化財センター発掘調査報告書85

西口　徹他 2001『千葉東金道路（二期）埋蔵文化財調査報告書7—松尾町・横芝町四ッ塚遺跡・松尾町千神塚群—』千葉県文化財センター調査報告第402集

新田浩三 2005『東関東自動車道水戸線酒々井PA埋蔵文化財調査報告書1—酒々井町墨古沢南Ⅰ遺跡—旧石器時代編』（財）千葉県文化財センター

新田浩三・小久貫隆史 2004『東関東自動車道（千葉・富津線）埋蔵文化財調査13—袖ヶ浦市関畑遺跡—』千葉県文化財センター調査報告第484集

日本旧石器学会 2010『日本列島の旧石器時代遺跡—日本旧石器（先土器・岩宿）時代遺跡のデータベース—』日本旧石器学会

橋本勝雄 1989「AT降灰以前における特殊な遺物分布の様相—いわゆる『環状ユニット』について（その1）—」『考古学ジャーナル』No. 309　ニュー・サイエンス社

橋本勝雄 2023「環状ユニット（ブロック群）の歴史的意義」『先史考古学論考—石器と先史文化—』六一書房

福島正史・松本欣士 2011『小暮東新山遺跡　群馬県畜産試験場再編整備事業に伴う埋蔵文化財発掘調査報告書』群馬県県農政部・群馬県教育委員会

藤崎　徹編 1972『酒々井町墨区郷土史』酒々井町地方史研究会

藤野次史・中村真理 2004『広島大学東広島キャンパス埋蔵文化財発掘調査報告書Ⅱ―がから地区の調査―』広島大学環境保全委員会埋蔵文化財調査室

松藤和人・成瀬敏郎 2014『旧石器が語る「砂原遺跡」―遥かなる人類の足跡をもとめて―』山陰文化ライブラリー6　ハーベスト出版

御堂島正 2002「遺跡形成論からみた堆積物としての遺物」『シンポジウム2002旧石器時代研究の新しい展開を目指して―旧石器研究と第四紀学―』日本第四紀学会

森先一貫 2017「旧石器時代から縄文時代草創期遺跡の保護」『月刊文化財』646号　第一法規株式会社

森嶋秀一他 2006「栃木県域における黒色安山岩の産地に関する諸問題」『栃木県立博物館研究紀要―人文―』第23号栃木県立博物館

吉田政行 1998「旧石器時代の「住居遺構」集成を通して」『公開セミナー記録集「用田バイパス関連遺跡群ローム層中出土の炭化材」「旧石器時代の住居遺構を探る」』（財）かながわ考古学財団・神奈川県立埋蔵文化財センター

渡辺修一 1991『四街道市内黒田遺跡群―内黒田特定土地区画整理事業地内埋蔵文化財発掘調査報告書―』千葉県文化財センター調査報告第200集

渡辺　仁 1986「狩猟採集民集落平面形の体系的分類―社会生態学的・進化的研究―」『国立民族学博物館研究報告』11－2　国立民族学博物館

G. ボジンスキー著/小野　昭訳 1991『ゲナスドルフ―氷河時代狩猟民の世界』六興出版

## 図版等出典・所蔵・提供一覧

口絵1頁上　酒々井町

口絵1頁下　京葉測量株式会社

口絵2頁下　図版提供/国立歴史民俗博物館、イラスト/石井礼子

口絵6頁上・図20・図24・図26・図34～37・図39・図40・図67

（公財）千葉県教育振興財団

図3　沖縄県立博物館・美術館

図7・図29　長野県埋蔵文化財センター

図8　遠野市教育委員会

図9　同志社大学考古学研究室

図10・図14～18・図11・図23・図49　（公財）印旛郡市文化財センター

図12　佐藤2019に加筆

図13　佐藤ほか2011に加筆

図14　筆者撮影

図19　四街道市教育委員会

図21・図28　佐野市教育委員会

図22　岩崎他1986を改訂

図27　三島市教育委員会

図34　安蒜2017、岩宿博物館

図34・35　東北歴史博物館

図44　工藤雄一郎撮影

図45　工藤2012に加筆

図57　酒々井町大室台小学校

図59　小野1983を改訂

図60　麻生2003を改訂

図61　栗原他2013を改訂

図62　福島・松本2011を改訂

図63　ウィキメディアコモンズ　Shoshoni tipis.jpg

　　　https://commons.wikimedia.org/wiki/File : Shoshoni_tipis.jpg

図64　ウィキメディアコモンズ　2012-07-06 Чум на закате..jpg

　　　https://commons.wikimedia.org/w/index.php?curid=25725160

図65　ウィキメディアコモンズ　Yaranga under construction Uelen 1913.
　　　JPG
　　　https : //commons.wikimedia.org/wiki/File : Yaranga_under_construc-
　　　tion_Uelen_1913.JPG
図66　G・ボジンスキー／小野訳1991から引用
図68　藤野・中村2004を改訂
表1　森先2017に加筆
表7　吉田1998、栗原2004をもとに作成
※特に明記のないものは酒々井町教育委員会提供

# あとがき

　2006（平成18）年3月に14年間お世話になった（財）印旛郡市文化財センターの派遣期間が解け、酒々井町教育委員会に戻ることになった。就職して15年目にして初めての役場勤め。一転して今度は埋蔵文化財の調整事務が中心となり、印鑑の押し方から勉強することとなった。また当時、酒々井町では中世城郭の国史跡・本佐倉城跡の保存整備事業を進めていたため、専門の旧石器時代から頭の中を中世・城郭へとシフトチェンジしてそちらの勉強も始め（この整備事業で得た知識や人脈は、後の墨古沢遺跡の整備事業で大いに役に立った）、忙しさを言い訳に石器自体を本格的にさわることもなく、気がつくと数年が経過していた。

　そんな折、『千葉県の歴史』編纂にかかわる調査・研究事業の関係でかねてより交流があり、当時文化庁記念物課に所属していた国武貞克氏（現奈良国立文化財研究所）と千葉県内の史跡整備団体にかかわる情報交換会で再会した。2013（平成25）年8月のことである。その久しぶりに会った宴席の雑談にて、「環状ブロック群で史跡指定に持っていけそうな案件を探している。一部調査が行われ環状ブロック群とわかっており、石器群の内容もある程度わかり、かつ残りがよさような遺跡がベストである。千葉県内でどこか候補になるところを知らないか」という話を聞いた。

　これは想像もしていなかったことであったが、まさしく墨古沢遺跡しかないと直感した。幸い町長をはじめとする町上層部の理解も

得られ、墨古沢遺跡でエントリーを行うこととなり、確かに順調に
スタートを切れたとはいえない部分も多くあったが、その後の経過
は本書に詳述しているとおりである。

　しかしこの大事な開始期において、筆者自身が8年ほど旧石器時
代の勉強から離れていたこともあり、知識の遅れ・足りなさが仕事
のブレーキになってしまったことは否めない。そのような中での出
発は、関係者の皆さんにご迷惑をおかけする連続であったが、改め
て新たな気持ちで勉強を始めるきっかけとなり、その楽しさを思い
出したことは今でも深く心に刻まれている。

　そのような頼りない担当者（筆者）に対し、事業当初より温かく
見守り、バックアップをしてくれた東京大学・佐藤宏之先生をはじ
めとする調査指導委員会（H28〜R1）、保存活用計画策定委員会
（R1〜R3）、整備活用委員会（R3〜現在）の皆様、文化庁文化
財第二課・文化資源活用課、千葉県教育庁教育振興部文化財課、指
定・整備にかかわる関係諸機関の担当者の皆様、ご理解・ご協力を
いただいた酒々井町および地元墨地区の関係者の皆様には感謝の念
に堪えません。この場をお借りして御礼申し上げる次第である。

　本書が墨古沢遺跡の足跡を伝える記録の一つとしてお役に立てば
幸いである。


　　　2025年2月

　　　　　　　　　　　　　　　　　　　　　酒井弘志

水ノ江和同　監修「新日本の遺跡」⑥
近江　俊秀

# 墨古沢遺跡

■著者略歴■

**酒井　弘志**（さかい・ひろし）

1969年、東京都生まれ

法政大学文学部史学科（考古学研究室）卒業

㈶印旛郡市文化財センターを経て、現在、酒々井町教育委員会生涯学習課文化財班勤務

主要論著　『印旛の原始・古代―旧石器時代編―』（共著）印旛郡市文化財センター、2004年。『墨古沢遺跡総括報告書―下総台地に現存する日本最大級の旧石器時代環状ブロック群―』（共著）酒々井町、2019年。

2025年3月31日発行

|  |  |
|---|---|
| 著　者 | 酒　井　弘　志 |
| 発行者 | 山　脇　由　紀　子 |
| 印　刷 | 亜　細　亜　印　刷㈱ |
| 製　本 | 協　栄　製　本㈱ |

発行所　東京千代田区平河町1-8-2　㈱同成社
（〒102-0093）山京半蔵門パレス
TEL　03-3239-1467　振替　00140-0-20618

Ⓒ Sakai Hiroshi 2025. Printed in Japan
ISBN 978-4-88621-999-2　C1320

## 新日本の遺跡 既刊

## ①三万田東原遺跡

### 九州縄文人のアクセサリー工房

**大坪志子著** 四六判 146頁 本体1800円

大量の縄文土器が出土し百年以上の研究史をもつ三万田東原遺跡。近年の調査で判明した玉製作の実態など、遺跡の魅力を平易に語る。

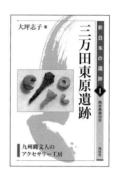

## ②大宰府跡

### 古代九州を統括した外交・軍事拠点

**赤司善彦著** 四六判 154頁 本体1800円

古代の九州諸国を統括しつつ、平時には外交、戦時には国防の最前線を担った大宰府。考古学的な視点から、その全貌を平易に解説する。

## ③旧相模川橋脚

### 関東大震災によって蘇った中世の橋

**大村浩司著** 四六判 138頁 本体1800円

関東大震災による液状化で地表に現れ、史跡と天然記念物の2つの性格をもつ稀有な存在である本遺跡の特性を考古学的に解説する。

= 新日本の遺跡　既刊 =

## ④楯築遺跡

吉備に築かれた弥生時代最大の墳丘墓

**宇垣匡雅著**　四六判　142頁　本体1800円

前方後円墳出現の百年も前に築かれた本遺跡は、後の古墳時代到来にいかなる役割を果たしたのか。発掘成果から時代の節目を読み解く。

## ⑤亀ヶ岡石器時代遺跡

縄文社会の共同墓地とまつりの場

**羽石智治著**　四六判　170頁　本体1800円

遮光器土偶で名高い縄文晩期の亀ヶ岡遺跡。丘陵の墓地や低湿地の廃棄場が示す遺跡の役割などを豊富な図版とともに親しみやすく解説。

シリーズ　日本の遺跡　全51巻

四六判・本体価格平均約1800円

【リスト】(地域別)

〔北海道・東北〕

⑩白河郡衙遺跡群(福島)　鈴木　功
⑫秋田城跡(秋田)　伊藤武士
⑬常呂遺跡群(北海道)　武田　修
⑰宮畑遺跡(福島)　斎藤義弘
⑲根城跡(青森)　佐々木浩一
㉗五稜郭(北海道)　田原良信
㉚多賀城跡(宮城)　高倉敏明
㉛志波城・徳丹城跡(岩手)　西野　修
㉞北斗遺跡(北海道)　松田　猛
㉟郡山遺跡(宮城)　長島榮一
㊽三内丸山遺跡(青森)　岡田康博
㊿富沢遺跡(宮城)　斎野裕彦

〔関東〕

③虎塚古墳(茨城)　鴨志田篤二
㉓寺野東遺跡(栃木)　江原・初山
㉕侍塚古墳と那須国造碑(栃木)　眞保昌弘
㉙飛山城跡(栃木)　今平利幸
㊱上野三碑(群馬)　松田　猛
㊶樺崎寺跡(栃木)　大澤伸啓
㊻加曽利貝塚(千葉)　村田六郎太

〔中部〕

⑤瀬戸窯跡群(愛知)　藤澤良祐
⑮奥山荘城館遺跡(新潟)　水澤幸一
⑱王塚・千坊山遺跡群(富山)　大野英子
㉑昼飯大塚古墳(岐阜)　中井正幸
㉒大知波峠廃寺跡(静岡・愛知)　後藤建一
㉔長者ヶ原遺跡(新潟)　木島・寺﨑・山岸
㊼荒屋遺跡(新潟)　沢田　敦
(51)鳥浜貝塚(福井)　小島秀彰

〔近畿〕

⑥宇治遺跡群(京都)　杉本　宏
⑦今城塚と三島古墳群(大阪)　森田克行
⑧加茂遺跡(大阪)　岡野慶隆
⑨伊勢斎宮跡(三重)　泉　雄二
⑪山陽道駅家跡(兵庫)　岸本道昭
⑳日根荘遺跡(大阪)　鈴木陽一
㊲難波宮跡(大阪)　植木　久
㊸伊勢国府・国分寺跡(三重)　新田　剛
㊺唐古・鍵遺跡(奈良)　藤田三郎

〔中国・四国〕

⑭両宮山古墳(岡山)　宇垣匡雅
⑯妻木晩田遺跡(鳥取)　高田健一
㉝吉川氏城館跡(広島)　小都　隆
㊴湯築城跡(愛媛)　中野良一
㊷鬼ノ城(岡山)　谷山雅彦
㊹荒神谷遺跡(島根)　足立克己
㊾長登銅山跡(山口)　池田善文

〔九州・沖縄〕

①西都原古墳群(宮崎)　北郷泰道
②吉野ヶ里遺跡(佐賀)　七田忠昭
④六郷山と田染荘遺跡(大分)　櫻井成昭
㉖名護屋城跡(佐賀)　高瀬哲郎
㉘長崎出島(長崎)　山口美由紀
㉜原の辻遺跡(長崎)　宮﨑貴夫
㊳池辺寺跡(熊本)　網田龍生
㊵橋牟礼川遺跡(鹿児島)　鎌田・中摩・渡部